Testbuch

Mit Erfolg zum

Deutsch-Test für den Beruf B2

von

Regine Grosser
Sandra Hohmann
Hildegard Meister

Alles Digitale zu diesem Buch kann auf der Lernplattform
allango von Ernst Klett Sprachen abgerufen werden. So geht's:

 QR-Code scannen | Buchtitel oder ISBN in | Zum Inhalt navigieren,
oder **www.allango.net** | der Suche eingeben und | direkt abrufen
 aufrufen | auf das Buchcover klicken | oder speichern

Zu diesem Buch auf allngo verfügbar: **Audios, Antwortbogen**

Ernst Klett Sprachen
Stuttgart

Mit Erfolg zum
Deutsch-Test für den Beruf B2
Testbuch

1. Auflage   6 | 2025

Alle Drucke dieser Auflage sind unverändert und können im Unterricht nebeneinander verwendet werden. Die letzte Zahl bezeichnet das Jahr des Druckes. Das Werk und seine Teile sind urheberrechtlich geschützt. Jede Nutzung in anderen als den gesetzlich zugelassenen Fällen bedarf der vorherigen schriftlichen Einwilligung des Verlags.

© Ernst Klett Sprachen GmbH, Rotebühlstraße 77, 70178 Stuttgart; 2021
Alle Rechte vorbehalten. Die Nutzung der Inhalte für Text- und Data-Mining ist ausdrücklich vorbehalten und daher untersagt.
www.klett-sprachen.de

Autorinnen: Regine Grosser, Sandra Hohmann, Hildegard Meister
Redaktion: Stefanie Plisch de Vega
Gestaltung und Satz: Satzkasten, Stuttgart
Umschlaggestaltung: Sabine Kaufmann
Druck und Bindung: Salzland Druck, Staßfurt

Printed in Germany
978-3-12-676832-0

Inhalt

Vorwort	4
Die Prüfung im Überblick	5
Kommentierter Modelltest	**9**
Lesen Teil 1	10
Lesen Teil 2	13
Lesen Teil 3	16
Lesen Teil 4	20
Lesen und Schreiben	24
Hören Teil 1	29
Hören Teil 2	32
Hören Teil 3	35
Hören Teil 4	38
Hören und Schreiben	41
Sprachbausteine Teil 1	44
Sprachbausteine Teil 2	47
Schreiben	50
Sprechen Teil 1	53
Sprechen Teil 2	55
Sprechen Teil 3	56
Modelltest 2	**57**
Lesen Teil 1	58
Lesen Teil 2	60
Lesen Teil 3	62
Lesen Teil 4	64
Lesen und Schreiben	66
Hören Teil 1	68
Hören Teil 2	69
Hören Teil 3	70
Hören Teil 4	71
Hören und Schreiben	72
Sprachbausteine Teil 1	73
Sprachbausteine Teil 2	74
Schreiben	75
Sprechen Teil 1	76
Sprechen Teil 2	77
Sprechen Teil 3	78

Modelltest 3	**79**
Lesen Teil 1	80
Lesen Teil 2	82
Lesen Teil 3	84
Lesen Teil 4	86
Lesen und Schreiben	88
Hören Teil 1	90
Hören Teil 2	91
Hören Teil 3	92
Hören Teil 4	93
Hören und Schreiben	94
Sprachbausteine Teil 1	95
Sprachbausteine Teil 2	96
Schreiben	97
Sprechen Teil 1	98
Sprechen Teil 2	99
Sprechen Teil 3	100
Lösungen	101
Hörtexte	105
Antwortbogen	121

Vorwort

Liebe Lernende, liebe Kursleitende,

mit diesem Testbuch können Sie sich bzw. Ihre Teilnehmerinnen und Teilnehmer im Berufssprachkurs B2 gezielt auf die verbindliche Abschlussprüfung *Deutsch-Test für den Beruf B2* vorbereiten.

Das Testbuch „Mit Erfolg zum Deutsch-Test für den Beruf B2" bietet Ihnen drei Modelltests:

- Modelltest 1 ist kommentiert und gibt in kleinen Schritten Hinweise und Hilfestellungen:
  - Was ist wichtig bei diesem Prüfungsteil?
  - Welche Aufgaben hat dieser Prüfungsteil?
  - Wie gehen Sie bei der Lösung der Aufgaben am besten vor?

  Zu den Aufgaben gibt es kommentierte Lösungen, die Ihnen die Lösung und den Weg zur Lösung erklären. Zu den Teilen *Lesen und Schreiben*, *Hören und Schreiben* sowie *Schreiben* gibt es Lösungsbeispiele. Zu allen drei Teilen der mündlichen Prüfung können Sie auch ein Beispiel hören.

- Modelltest 2 ist eine komplette Prüfung mit einem Antwortbogen und Lösungsbeispielen für die Teile *Lesen und Schreiben*, *Hören und Schreiben* sowie *Schreiben* im Anhang.

- Modelltest 3 ist ebenfalls eine komplette Prüfung, die Sie z. B. zum Simulieren der Prüfungssituation nutzen können. Ein Antwortbogen ist digital verfügbar (siehe Seite 1).

Alle Hördateien (Audios) sind digtial verfügbar (siehe Seite 1).

Alle Inhalte in diesem Buch orientieren sich an den Anforderungen der Niveaustufe B2 des Gemeinsamen Europäischen Referenzrahmens (GER), am *Lernzielkatalog für die Spezialberufssprachkurse A2 und B1 sowie für die Basisberufssprachkurse B2 und C1* des Bundesministeriums für Migration und Flüchtlinge (BAMF) und des Bundesministeriums für Arbeit und Soziales (BMAS) sowie an den veröffentlichten Übungstests.

Ein passendes Übungsangebot finden Sie im zugehörigen Übungsbuch „Mit Erfolg zum Deutsch-Test für den Beruf B2" (ISBN: 978-3-12-676831-3).

Eine gute Vorbereitung und viel Erfolg bei der Prüfung wünschen Ihnen

die Autorinnen und der Verlag.

Die Prüfung im Überblick

Die Prüfung *Deutsch-Test für den Beruf B2* richtet sich an Zugewanderte, die an einem Basisberufssprachkurs B2 (nach § 45a AufenthG) teilgenommen haben. In diesem Kurs werden die Lernenden auf die Aufnahme einer qualifizierten beruflichen Tätigkeit oder eine Ausbildung in Deutschland vorbereitet. Der *Deutsch-Test für den Beruf B2* ist die verbindliche Abschlussprüfung für diese Kurse. In der Prüfung werden berufsfeldübergreifende Kenntnisse der deutschen Sprache auf dem Niveau B2 des Gemeinsamen Europäischen Referenzrahmens (GER) in den Bereichen Lesen, Lesen und Schreiben, Hören, Hören und Schreiben, Schreiben und Sprechen festgestellt. Geprüft werden die sprachlich-kommunikativen Kompetenzen im arbeitsweltlichen Kontext, die für sprachlich angemessenes Handeln im Arbeitsalltag notwendig sind.

Wie ist die Prüfung aufgebaut?

Die Prüfung *Deutsch-Test für den Beruf B2* besteht aus sechs Subtests zu verschiedenen Fertigkeiten. Eine Besonderheit dieser Prüfung sind die Teile, die rezeptive und produktive Fertigkeiten verbinden: *Lesen und Schreiben* sowie *Hören und Schreiben*.

Lesen	45 Minuten	Schriftliche Prüfung
Lesen und Schreiben	20 Minuten	
Hören	20 Minuten	
Hören und Schreiben	5 Minuten	
Sprachbausteine / Schreiben	35 Minuten	
Sprechen	ca. 16 Minuten	Mündliche Prüfung

Welche Prüfungsaufgaben gibt es? Was müssen Sie tun?

Lesen / Lesen und Schreiben

Diese beiden Subtests gehören zusammen. *Lesen* hat 4 Teile (Aufgabe 1–18), *Lesen und Schreiben* hat 2 Teile (Aufgabe 19–21). Sie müssen alle 21 Aufgaben in 65 Minuten bearbeiten und Ihre Lösungen auf den Antwortbögen markieren bzw. schreiben.

Prüfungsteil	Aufgabe	insgesamt 65 Minuten
Lesen Teil 1	Zusammenfassungen von 8 Artikeln mit Informationen aus dem Arbeitsmarkt lesen und 5 Personen den passenden Artikel zuordnen	45 Min.
Lesen Teil 2	2 Texte mit Einweisungen und Unterweisungen in einer Willkommensmappe verstehen und dazu 2 Richtig/Falsch-Aufgaben und 2 Multiple-Choice-Aufgaben lösen	
Lesen Teil 3	in einem Forum 4 Fragen zu Rahmenbedingungen der Arbeit sowie 6 Antworten / Tipps dazu verstehen und zuordnen	
Lesen Teil 4	in einem Protokoll Aufgaben und Aufgabenverteilungen nachvollziehen, dazu 5 Multiple-Choice-Aufgaben lösen	
Lesen und Schreiben	– in E-Mails Beschwerden und Anweisungen verstehen, dazu 2 Multiple-Choice-Aufgaben lösen – mit einer E-Mail auf die Beschwerde reagieren	20 Min.

Die Prüfung im Überblick

Hören / Hören und Schreiben

Diese beiden Subtests gehören zusammen. *Hören* hat 4 Teile und insgesamt 19 Aufgaben (Aufgabe 22–40), *Hören und Schreiben* umfasst die Aufgaben 41–45. Die Lösungen für *Hören* Teil 1 bis 4 markieren Sie auf einer anderen Seite des Antwortbogens als die Lösungen für *Hören und Schreiben*. Der Subtest beginnt, wenn die/der Prüfende die Höraufnahmen startet. Die Höraufnahmen laufen nacheinander ab und Sie lösen alle Aufgaben hintereinander. Denken Sie daran, Ihre Antworten auf dem entsprechenden Antwortbogen zu markieren.

Prüfungsteil	Aufgabe	insgesamt ca. 25 Minuten	
Hören Teil 1	3 Gespräche zu Arbeitsabläufen, Problemen und Vorschlägen verstehen, dazu 3 Richtig/Falsch- und 3 Multiple-Choice-Aufgaben lösen	ca. 20 Min.	
Hören Teil 2	in 4 Gesprächen Argumentationen verstehen, jedem Gespräch aus 6 Sätzen den jeweils passenden zuordnen		
Hören Teil 3	zu einer Präsentation mit betriebsbezogenen Informationen 4 Multiple-Choice-Aufgaben lösen		
Hören Teil 4	in 5 telefonischen Mitteilungen Anliegen und Bitten erfassen, dazu 5 Multiple-Choice-Aufgaben lösen		
Hören und Schreiben	zu einer Nachricht von einem Kunden eine Multiple-Choice-Aufgabe lösen eine Telefonnotiz mit dem Namen, der Telefonnummer sowie weiteren Informationen und was zu erledigen ist ergänzen	ca. 5 Min.	

Sprachbausteine und Schreiben

Diese beiden Subtests gehören zusammen. *Sprachbausteine* hat zwei Teile und 12 Aufgaben (Aufgabe 46–57). Für *Schreiben* (Aufgabe 58) können Sie zwischen zwei Themen, A oder B, wählen. Sie können zuerst Notizen im Aufgabenheft machen, aber es wird nur bewertet, was Sie auf den Antwortbogen schreiben. Sie können entscheiden, in welcher Reihenfolge Sie die Aufgaben bearbeiten.

Prüfungsteil	Aufgabe	insgesamt 35 Minuten	
Sprachbausteine Teil 1	eine E-Mail, z.B. eine Rückfrage zu einer Bewerbung, mit 6 Lücken lesen und aus 10 Wörtern das jeweils passende zuordnen	35 Min.	
Sprachbausteine Teil 2	einen Geschäftsbrief mit 6 Lücken lesen und aus je 3 Möglichkeiten für jede Lücke den passenden Ausdruck auswählen		
Schreiben	für das Forum der Firma einen Beitrag zu einem Thema schreiben		

Sprechen

Dieser Subtest hat drei Teile. Sie haben direkt vor der Prüfung keine Vorbereitungszeit.
In der mündlichen Prüfung sind zwei Prüfende anwesend. Ein/e Prüfende/r leitet das Gespräch und stellt in Teil 1B Anschlussfragen, die/der andere bittet Sie in Teil 1C, einen Aspekt aus den Antworten der Prüfungspartnerin/des Prüfungspartners auf die Fragen in Teil 1B zu erläutern.
In Teil 2 und Teil 3 sprechen Sie direkt mit Ihrer Prüfungspartnerin/Ihrem Prüfungspartner.

Prüfungsteil	Aufgabe	insgesamt ca. 16 Minuten
Sprechen Teil 1A	ein Thema aus zwei wählen und darüber sprechen	ca. 2 Min. pro TN
Sprechen Teil 1B	Anschlussfragen zum Thema beantworten	ca. 2 Min. pro TN
Sprechen Teil 1C	einen Aspekt der Antworten der/des anderen TN erläutern	ca. ½ Min. pro TN
Sprechen Teil 2	wie mit einer Kollegin/einem Kollegen in der Pause über zwei Themen sprechen	ca. 3 Min.
Sprechen Teil 3	eine Situation/ein Problem am Arbeitsplatz verstehen und zusammen Lösungswege diskutieren	ca. 4 Min.

Wie läuft die Prüfung ab?

Die schriftliche Prüfung dauert insgesamt 125 Minuten. Es gibt zwischen *Lesen / Lesen und Schreiben*, *Hören / Hören und Schreiben* und *Sprachbausteine / Schreiben* keine Pause.

In der schriftlichen Prüfung bekommen Sie ein Heft mit einem Bogen für Ihre persönlichen Daten sowie den Antwortbögen für alle Teile. Sie müssen Ihre Daten auf mehreren Seiten eintragen. Erst wenn alle Teilnehmenden damit fertig sind, werden die Aufgabenhefte mit allen Aufgaben ausgeteilt und die Prüfung beginnt mit *Lesen/Lesen und Schreiben*.

Die schriftliche und die mündliche Prüfung können am selben Tag oder an verschiedenen Tagen abgelegt werden.

Direkt vor der mündlichen Prüfung haben Sie keine Vorbereitungszeit. Die mündliche Prüfung wird in der Regel als Paarprüfung abgelegt und dauert ca. 16 Minuten.

Für jeden Subtest gibt es eine vorgeschriebene Dauer, die für alle Teilnehmenden gleich ist. Deshalb fängt jeder Subtest der schriftlichen Prüfung für alle Teilnehmenden zur selben Zeit an und endet auch für alle Teilnehmer zur selben Zeit.

Hinweis:
In dieser Prüfung müssen Sie Ihre Lösungen innerhalb der angegebenen Zeit auf dem Antwortbogen markieren. Sie bekommen am Ende der Subtests nicht zusätzlich Zeit dafür. Bewertet werden nur die Lösungen, die Sie auf dem Antwortbogen markiert bzw. geschrieben haben.

> Sie können Ihre Lösungen zuerst auf dem Aufgabenblatt notieren. Legen Sie den Antwortbogen aber am besten neben das Aufgabenblatt und markieren Sie Ihre Lösungen auch gleich dort. Dann vergessen Sie keine Lösung.

Hinweis:
Im Aufgabenheft sind die Aufgaben für alle Subtests der schriftlichen Prüfung enthalten. Schlagen Sie immer nur die Aufgaben des Subtests auf, der gerade geprüft wird. Sehen Sie sich z.B. nicht die Aufgaben für *Schreiben* an, wenn Sie schneller mit *Lesen / Lesen und Schreiben* fertig sind. Das gilt als Täuschungsversuch. Dasselbe gilt für die Verwendung von Hilfsmitteln: Sie dürfen in der gesamten Prüfung keine Hilfsmittel (wie z.B. ein Wörterbuch, Smartphone, Smartwatch oder ähnliche Geräte) benutzen.

Die Prüfung im Überblick

Wie viele Punkte gibt es?

Für jede Fertigkeit können maximal 60 Punkte erreicht werden, insgesamt also maximal 240 Punkte:

Fertigkeit	Teile	Aufgaben	Punkte pro Aufgabe	Punkte
Lesen	Lesen Teil 1 bis 4 Lesen (und Schreiben)	Aufgabe 1 bis 18 Aufgabe 19 und 20	3 x 20	60
Hören	Hören Teil 1 bis 5 Hören (und Schreiben)	Aufgabe 22 bis 40 Aufgabe 41	3 x 20	60
Schreiben	(Lesen und) Schreiben (Hören und) Schreiben Sprachbausteine 1 Sprachbausteine 2 Schreiben	Aufgabe 21 Aufgabe 42 bis 45 Aufgabe 46 bis 51 Aufgabe 52 bis 57 Aufgabe 58	7* 6 (0,5 x 2 + 4 + 1) 3 (0,5 x 6) 3 (0,5 x 6) 14*	33 *(+ 27 durch aufgaben- übergreifende Bewertung nach Kriterium II-IV)
Sprechen		Sprechen 1A Sprechen 1B Sprechen 1C Sprechen 2 Sprechen 3	5 5 2 8 10	30 (+ 30 durch aufgaben- übergreifende Bewertung nach Kriterium II-IV)
Insgesamt				240

In Aufgabe 21 (*Lesen und Schreiben*), Aufgabe 58 *Schreiben* und allen drei Teilen *Sprechen* werden die Leistungen nach vier Kriterien bewertet. Beim Kriterium I geht es um die inhaltliche Angemessenheit und die kommunikative Aufgabenbewältigung. Jeder Teil wird einzeln bewertet (Punktzahl siehe oben in der Tabelle). Die Kriterien II-IV beziehen sich auf die sprachliche Angemessenheit und werden aufgabenübergreifend angewendet. Aufgabe 21 (*Lesen und Schreiben*) sowie Aufgabe 58 *Schreiben* werden nach ihrer kommunikativen Gestaltung (Kriterium II) bewertet, also inwieweit der Text klar verständlich ist, und ob Satzteile und Sätze sinnvoll verknüpft sind; nach ihrer formalen Richtigkeit (Kriterium III), also der Korrektheit der verwendeten sprachlichen Strukturen, der Rechtschreibung und Zeichensetzung sowie nach dem Spektrum der sprachlichen Mittel (Kriterium IV), also der Vielfalt des verwendeten Wortschatzes, der Variation der Formulierungen und der Komplexität der Sätze.
Über diese Kriterien können für Aufgabe 21 und 58 zusätzlich maximal 27 Punkte erreicht werden.
Bei alle drei Teilen *Sprechen* wird als Kriterium II die Aussprache und Intonation bewertet. Kriterium III ist die formale Richtigkeit, Kriterium IV das Spektrum der sprachlichen Mittel. Über diese Kriterien können für *Sprechen* zusätzlich maximal 30 Punkte erreicht werden.

Mit wie vielen Punkten besteht man?

Um den *Deutsch-Test für den Beruf B2* zu bestehen, müssen Sie mindestens 144 Punkte (60 % der Gesamtpunktzahl 240) erreichen. In mindestens drei der vier Fertigkeiten (Lesen, Hören, Schreiben, Sprechen) müssen Sie dafür 36 oder mehr Punkte erreichen. Nur in einem Teil dürfen Sie weniger Punkte erreichen, aber nicht weniger als 24 Punkte. Diese eine schwächere Leistung müssen Sie durch mehr Punkte in einem anderen Teil ausgleichen, um zu bestehen.

Modelltest 1

Modelltest 1 Lesen Teil 1

 Für die Teile Lesen 1 bis Lesen 4 haben Sie insgesamt 45 Minuten Zeit.
Für Lesen Teil 1 sollten Sie maximal 10 Minuten einplanen.

Wichtig:

- Sie lesen fünf Aussagen zu Personen, die sich für bestimmte Informationen zum Arbeitsmarkt interessieren, und acht kurze Texte, die wie in einem Inhaltsverzeichnis einer Zeitschrift die Artikel zusammenfassen.
- Sie lösen fünf Multiple-Choice-Aufgaben.
- Zu jeder Person passt nur ein Artikel, drei Artikel bleiben übrig.
- Für jede richtige Lösung auf dem Antwortbogen gibt es 3 Punkte, insgesamt also maximal 15 Punkte.

So könnte das Aufgabenblatt aussehen:

Lesen Teil 1

Sie lesen online in einer Wirtschaftszeitung und möchten Ihren Freunden einige Artikel schicken. Entscheiden Sie, welcher Artikel a–h zu welcher Person 1–5 passt.

Markieren Sie Ihre Lösungen auf dem Antwortbogen.

1. Almin überlegt, welche Ausbildung zu ihm passt.

2. Franz möchte sein Geschäft um Online-Handel erweitern.

3. Monique interessiert sich für kreative Berufe.

4. Asra fragt sich, warum sie beruflich nicht weiterkommt.

5. Xaver braucht eine Webseite für seine Firma.

Modelltest 1 Lesen Teil 1

a Unter der Lupe: Berufe für Menschen mit Fantasie
Designerin, Spieleentwickler, Goldschmied, Mediengestalterin: Es gibt für fantasievolle Menschen viele Möglichkeiten, einen passenden Beruf zu finden. Für nicht alle diese Tätigkeiten braucht man eine formale Ausbildung. Wir stellen Ihnen die Top-Jobs vor.
mehr …

b Kundenwünsche im Online Handel
Wussten Sie, dass 62 % aller Verbraucher einen Bestellvorgang im Online-Handel abbrechen, weil ihnen die Versandkosten zu hoch sind? Unser Beitrag befasst sich mit Kundenwünschen an Online-Plattformen und wie Sie als Händler diese Wünsche besser erfüllen können.
mehr …

c Die 10 besten Homepage-Baukästen
Ob Online-Handel oder Geschäft in der City: Man braucht immer eine technisch einwandfrei funktionierende Webseite. Die kostet und selbst machen lohnt sich! Lesen Sie unser Ranking der besten Do-it-yourself Anleitungen für Webseiten.
mehr …

d Studium, Ausbildung oder Quereinstieg?
Viele, die heute erfolgreich als Programmierer arbeiten, haben ihren Beruf dadurch gelernt, dass sie ihn einfach machen. Allerdings ist eine Ausbildung in diesem Beruf der sicherere Weg zu einer Karriere als Programmierer. Welcher Weg für Sie der richtige sein kann, erfahren Sie in diesem Insider-Bericht von Franz Ball.
mehr …

e Kreativer Gründer: Zusätzliches Standbein für Start-ups
Benni Wagner, der Gründer des erfolgreichen Online-Start-ups hot-soup.com erzählt, wie er seinem Geschäft im Internet eine zweite Verdienstquelle durch den Verkauf über die traditionelle Ladentheke erschlossen hat – und wie er damit mehr Umsatz als beim Online-Handel macht.
mehr …

f Schnellstart Vertrieb übers Internet
Immer mehr Menschen kaufen nicht mehr an der Ladentheke, sondern bestellen vom heimischen Computer aus. Professor Wendel von Struntz stellt außergewöhnliche Verkaufs-Plattformen im Internet vor und gibt Einsteigern in den Online-Handel eine praktische Anleitung – lesenswert!
mehr …

g „Du schaffst das!" Umgang mit dem Karriereknick
Wer hatte nicht schon einmal das Gefühl, sich beruflich im Kreis zu drehen oder im Job keine Zukunft zu haben? Allen, die sich die Frage stellen, warum eine Beförderung auf sich warten lässt, sei das Buch von Sanna Nickel empfohlen. Sie zeigt Wege aus der Sackgasse.
mehr …

h Lena fragt! Beruf oder Berufung?
Lena Kudruff stellt jungen Menschen Fragen: Was genau machst du in deinem Beruf? Was begeistert dich an deinem Beruf? Erfahren Sie alles über Berufe, für die man sich in Deutschland ausbilden lassen kann, und machen Sie am Ende einen Berufseignungstest.
mehr …

Modelltest 1   Lesen Teil 1

So geht's:

1 Lesen Sie die Aufgaben 1–5. Unterstreichen Sie dabei Schlüsselwörter, die wesentlich für die Situationen sind. Für Aufgabe 1 sind das: **1** *Almin überlegt, welche Ausbildung zu ihm passt*.

2 Überfliegen Sie die Artikel, d. h. lesen Sie die Überschrift und den Text schnell durch und suchen Sie ähnliche Ausdrücke für die Schlüsselwörter in Aufgabe 1. In dem Artikel sollte es um Ausbildung und verschiedene Berufe gehen.

3 Schon Artikel a könnte zu Aufgabe 1 passen, denn dort geht es um *Berufe für Menschen mit Fantasie*. Sie wissen nicht, ob Almin ein fantasievoller Mensch ist, aber Sie wissen, dass er überlegt, eine Ausbildung zu machen. Nicht für alle in Artikel a beschriebenen Berufen braucht man aber eine Ausbildung. Lesen Sie weiter. Artikel d könnte auch passen: In der Überschrift steht das Schlüsselwort *Ausbildung*. Wenn Sie den Text lesen, merken Sie aber, dass es hier nur um den Beruf des Programmierers geht. Lesen Sie weiter.

4 In Artikel h kann man *alles über Berufe erfahren, für die man sich … ausbilden lassen kann* und *am Ende einen Berufseignungstest* machen – das passt gut zu Almin, der noch überlegt, was zu ihm passt. Artikel h ist die Lösung für Aufgabe 1.

5 Wenn Sie sicher sind, dass Ihre Lösung richtig ist, können Sie den Artikel durchstreichen, er kann zu keiner anderen Aufgabe mehr passen. Markieren Sie Ihre Lösung am besten gleich auf dem Antwortbogen.

6 Gehen Sie für die Aufgaben 2–5 genauso vor: Mit den Schlüsselwörtern im Kopf schnell in den Artikeln nach ähnlichen Ausdrücken suchen, kontrollieren, ob es in dem Artikel wirklich um diese Situation geht, und dann die Lösung markieren.

7 Lösen Sie jetzt die Aufgaben 2–5. In der Prüfung müssen Sie alle Lösungen auf dem Antwortbogen markieren. Zum Üben können Sie Ihre Lösungen hier markieren:

Lesen
Teil 1

	a	b	c	d	e	f	g	h	
1	○	○	○	○	○	○	○	●	1
2	○	○	○	○	○	○	○	○	2
3	○	○	○	○	○	○	○	○	3
4	○	○	○	○	○	○	○	○	4
5	○	○	○	○	○	○	○	○	5

Sind Ihre Lösungen richtig?

2 f In Artikel f kommen mehrere Wörter für *Online-Handel* vor und es geht um eine praktische Anleitung für *Einsteiger in den Online-Handel*.

3 a *Monique interessiert sich für kreative Berufe.* Das passt zu *Berufe für Menschen mit Fantasie* und zu: *Es gibt für fantasievolle Menschen viele Möglichkeiten, einen passenden Beruf zu finden.*

4 g Sie lesen *Karriereknick, sich beruflich im Kreis drehen,* warum eine *Beförderung* auf sich warten lässt. Hier kann Asra eine Antwort darauf finden, warum sie beruflich nicht weiterkommt.

5 c In Artikel c lesen Sie die Wörter *Homepage-Baukästen, Webseite … kostet … selbst machen lohnt sich!* … *die besten … Anleitungen für Webseiten* – das passt zu Xaver, der eine Webseite für seine Firma braucht.

12

Modelltest 1   Lesen Teil 2

 Achten Sie auf die Zeit: Länger als 10 Minuten sollten Sie für diesen Teil nicht brauchen.

Wichtig:

- Sie lesen zwei Texte mit Informationen, die man als neue/r Mitarbeiterin oder Mitarbeiter in einem Betrieb bekommen kann.
- Sie lösen zu jedem Text eine Richtig/Falsch-Aufgabe und eine Multiple-Choice-Aufgabe, insgesamt also vier Aufgaben.
- Für jede richtige Lösung gibt es 3 Punkte, insgesamt also maximal 12 Punkte.

So könnte das Aufgabenblatt aussehen:

Lesen Teil 2

Lesen Sie die Texte und die Aufgaben 6–9. Ist die Aussage dazu richtig oder falsch und welche Antwort (a, b oder c) passt am besten?

Markieren Sie Ihre Lösungen auf dem Antwortbogen.

Text 1

Willkommensmappe für neue Mitarbeiterinnen und Mitarbeiter

Essensgutscheine

Um in der Mittagspause vergünstigt zu essen, können Sie Gutscheine im Wert von 6,50 € erwerben. Diese sind uneingeschränkt in unserer Cafeteria sowie im Restaurant Krönchen in der Sigmundstraße 12 einlösbar, dort allerdings nur für das Tagesmenü.

Sie können die Essensgutscheine über unser Internetportal anfordern. Geben Sie bis zum 25. jeden Monats die Anzahl der Gutscheine an, die Sie für den Folgemonat einlösen möchten. Die Abrechnung erfolgt über die Gehaltsabrechnung. Gutscheine, die Sie nicht einlösen, sind auch in den nächsten Monaten noch gültig.

Bis jeweils zum Donnerstag der Vorwoche müssen Sie außerdem angeben, welche Mittagsmenüs Sie in der folgenden Woche in der Cafeteria essen möchten. Eine kurzfristige Abmeldung ist bis 10:30 Uhr am Vortag möglich, dies sollte aber nicht zur Regel werden, da die Küche planen muss.
Bitte beachten Sie, dass die Gutscheine nur durch Mitarbeiter eingelöst werden dürfen. Für Geschäftsbesuch sind Gästekarten über die jeweilige Assistenz oder direkt in der Personalabteilung erhältlich.

Seite 3 von 13

---

6 Das Mittagessen muss einen Tag vorher gewählt werden.
richtig/falsch?

7 Die Gutscheine für das vergünstigte Essen
  a kann man am Monatsende abholen.
  b sind nur für Angestellte der Firma erhältlich.
  c verfallen nach einem Monat.

Modelltest 1 Lesen Teil 2

Text 2

Willkommensmappe für neue Mitarbeiterinnen und Mitarbeiter

Arbeitszeit und Arbeitszeitgestaltung

Die wöchentliche Arbeitszeit in der Produktion beträgt 36,5 Stunden. Für den Verwaltungsbereich gelten 39 Stunden. Sollte mit Ihnen arbeitsvertraglich eine andere Wochenarbeitszeit vereinbart worden sein oder Sie in Teilzeit arbeiten, gelten dennoch die in Ihrem Arbeitsbereich üblichen Arbeitszeitregelungen wie Arbeitsantritt und Pausenzeiten.

Von Ihnen geleistete Mehrarbeit wird auf Ihrem Arbeitszeitkonto gutgeschrieben. Nach Absprache mit Ihrer Teamleitung können Sie einen Freizeitausgleich vornehmen. Urlaubsanträge reichen Sie bitte ebenfalls für das gesamte Jahr dort ein.

Als einer der ersten Arbeitgeber in der Region haben wir als Instrument der flexiblen Arbeitszeitgestaltung das Sabbatical eingeführt. Das Sabbatical ist eine befristete Unterbrechung des Arbeitslebens, die von drei Monaten bis zu einem Jahr reichen kann. Das Arbeitsentgelt in dieser Zeit kann durch unterschiedliche Möglichkeiten finanziert werden, z.B. durch freiwilligen Lohnverzicht, die Umwandlung in eine Teilzeitbeschäftigung oder das Ansparen von Arbeitszeitguthaben. Stimmt die Geschäftsleitung zu, kann das Sabbatical beliebig oft wiederholt werden. Nach Ihrer Rückkehr tritt Ihr ursprünglicher Arbeitsvertrag wieder in Kraft und Sie werden in der gleichen Position weiterbeschäftigt.

Weitere Informationen zu diesem Angebot erhalten Sie im Personalbüro. Falls Sie sich zu diesem Schritt entscheiden, sprechen Sie bitte unsere Juniorchefin Renate Schrader an.

Seite 5 von 13

8 In diesem Betrieb gibt es unterschiedliche Arbeitszeitmodelle.
   richtig/falsch?

9 Wer ein Sabbatical macht,
   a arbeitet zwei Monate weniger im Jahr.
   b kehrt danach an den alten Arbeitsplatz zurück.
   c verdient in dieser Zeit kein Geld.

Modelltest 1   Lesen Teil 2

So geht's:

1 Lesen Sie zuerst Aufgabe 6 und 7. Unterstreichen Sie dabei Schlüsselwörter, die wesentlich für die Aussagen sind. Für Aufgabe 6 sind das:

6 *Das <u>Mittagessen</u> <u>muss</u> <u>einen Tag vorher</u> <u>gewählt</u> werden.*

2 Überfliegen Sie Text 1 und suchen Sie gezielt Informationen zu den Schlüsselwörtern von Aufgabe 6. Entscheiden Sie dann, ob die Aussage der Aufgabe mit dem, was Sie im Text dazu lesen, übereinstimmt. Nur dann markieren Sie *richtig* als Lösung.

3 Sie lesen im letzten Absatz: *Bis jeweils zum Donnerstag der Vorwoche müssen Sie außerdem angeben, welche Mittagsmenüs Sie in der folgenden Woche in der Cafeteria essen möchten*. Das Mittagsmenü müssen Sie also nicht einen Tag vorher, sondern bis zum Donnerstag der Vorwoche bestellen. Aufgabe 6 ist also falsch. Markieren Sie für Aufgabe 6 *falsch* auf dem Antwortbogen.

4 Gehen Sie für Aufgabe 7 auch so vor: Unterstreichen Sie Schlüsselwörter und suchen Sie dann im Text nach passenden Informationen. Oft lesen Sie die Informationen im Text in einer anderen Reihenfolge als in den Antworten. Was lesen Sie im Text über die Gutscheine für das vergünstigte Essen? Zu Antwort a (*… kann man am Monatsende abholen.*) lesen Sie im zweiten Absatz: *Geben Sie bis zum 25. jeden Monats die Anzahl der Gutscheine an, die Sie für den Folgemonat einlösen möchten*. Am Monatsende kann man also *anfordern*, aber nicht *abholen* – Antwort a passt nicht.
Zu Antwort b (*… sind nur für Angestellte der Firma erhältlich.*) lesen Sie: *…, dass die Gutscheine nur durch Mitarbeiter eingelöst werden dürfen. Für Geschäftsbesuch sind Gästekarten … erhältlich.*
Die Aussage im Text stimmt mit der Aussage in der Antwort überein – Antwort b passt.
Überprüfen Sie trotzdem, was zu Antwort c (*… verfallen nach einem Monat.*) im Text steht. Im zweiten Abschnitt lesen Sie, dass *Gutscheine, die Sie nicht einlösen, auch in den nächsten Monaten noch gültig* sind. Die Aussagen stimmen nicht überein, c passt nicht. Markieren Sie also b als Lösung für Aufgabe 7.

5 Gehen Sie für Aufgabe 8 und 9 zu Text 2 genauso vor: Die Aufgaben lesen, mit den Schlüsselwörtern im Kopf im Texten nach ähnlichen Ausdrücken und der passenden Textstelle suchen und vergleichen, ob die Informationen im Text mit der Antwort übereinstimmen.
In der Prüfung müssen Sie alle Lösungen auf dem Antwortbogen markieren. Zum Üben können Sie Ihre Lösungen hier markieren:

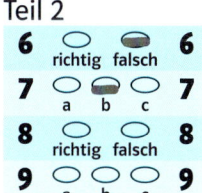

Sind Ihre Lösungen richtig?

8 richtig *In diesem Betrieb gibt es unterschiedliche Arbeitszeitmodelle.*
Sie lesen im ersten Abschnitt im Text: *Sollte mit Ihnen arbeitsvertraglich eine andere Wochenarbeitszeit vereinbart worden sein oder Sie in Teilzeit arbeiten … Teilzeit ist ein alternatives Arbeitszeitmodell zur Vollzeit.*

9 b *Wer ein Sabbatical macht, kehrt danach an den alten Arbeitsplatz zurück.*
Antwort a (*Wer ein Sabbatical macht arbeitet zwei Monate weniger im Jahr.*) passt nicht, denn im Text steht: *das Sabbatical ist eine befristete Unterbrechung des Arbeitslebens, die von drei Monaten bis zu einem Jahr reichen kann.* Man unterbricht das Arbeitsleben, aber mindestens für 3 Monate. Antwort c (*Wer ein Sabbatical macht, verdient in dieser Zeit kein Geld.*) passt auch nicht, denn: *das Arbeitsentgelt in dieser Zeit kann durch unterschiedliche Möglichkeiten finanziert werden.* Man verdient also weiterhin Geld. Antwort b passt, denn: *Nach Ihrer Rückkehr tritt Ihr ursprünglicher Arbeitsvertrag wieder in Kraft und Sie werden in der gleichen Position (= am alten Arbeitsplatz) weiterbeschäftigt.*

Modelltest 1   Lesen Teil 3

 Auch für diesen Teil sollten Sie nicht länger als 10 Minuten brauchen.

Wichtig:

- Sie lesen vier Fragen zu Arbeitsbedingungen, die Personen in einem Forum stellen.
- Dazu gibt es sechs Texte a–f mit Tipps, die Sie zuordnen müssen.
- Zu einer Frage passt kein Tipp, dafür müssen Sie x auf dem Antwortbogen markieren.
- Für jede richtige Lösung gibt es 3 Punkte, insgesamt also maximal 12 Punkte.

So könnte das Aufgabenblatt aussehen:

Lesen Teil 3

Lesen Sie die Fragen 10–13. Lesen Sie die Texte a–f. Welche Frage passt zu welchem Tipp?
Markieren Sie Ihre Lösungen auf dem Antwortbogen.

Für eine Frage gibt es keinen passenden Tipp. Markieren Sie dafür ein x auf dem Antwortbogen.

10 *Ansgar*
Ich arbeite seit Kurzem in leitender Position und muss jetzt das erste Mal einen Mitarbeiter entlassen. Der Angestellte ist älter als ich und arbeitet schon sehr lange in der Firma. Ich kenne natürlich die gesetzlichen Vorgaben und Fristen, weiß aber nicht, wie ich in dem Fall am besten vorgehen soll. Kann mir jemand einen Rat geben?

11 *Will*
Hallo liebe Forumsmitglieder! Ich stehe noch unter Schock. Soeben ist mir in der Probezeit gekündigt worden. Ich bin schon fünf Monate im Betrieb und noch letzte Woche hat man mich gelobt. Was mache ich jetzt?

12 *Bahar*
Weiß jemand Bescheid? Ich bin in der achten Woche schwanger und frage mich, wann ich das meinem Arbeitgeber mitteilen muss. Eigentlich wollte ich warten, bis ich im vierten Monat bin, aber jetzt habe ich gehört, dass das zu spät ist. Stimmt das? Ich möchte durch meine Schwangerschaft keine Nachteile in meinem Job!

13 *Serena*
Ich bin mit meiner Arbeit unzufrieden und langweile mich. Jetzt habe ich etwas Besseres in Aussicht und möchte kündigen. Meine Chefin war immer sehr bemüht, mich zu halten, und hat mir gerade den Lohn erhöht. Nun weiß ich nicht so richtig, wie ich das Kündigungsschreiben angemessen formulieren soll. Hat jemand einen Tipp für mich?

16

Tipps für Arbeitnehmerinnen und Arbeitnehmer

Verena, vor einem Tag
Ich habe auch gekündigt und war davor wie du in einem absoluten Gefühlschaos. Tue ich das Richtige? Was, wenn ich nach so langer Betriebszugehörigkeit keinen neuen Job finde? Ich war danach dann auch ziemlich lange arbeitslos, aber bereut habe ich es keine Sekunde.

Alexej, vor vier Stunden
Wer redet Ihnen denn so etwas ein? Wer ein Kind erwartet und zur Welt bringt, hat auch im Arbeitsleben Rechte! Selbstverständlich gilt für Sie das Mutterschutzgesetz und Sie können Ihren Job nicht verlieren. Hier können Sie nachfragen: info@bmfsfjservice.bund.de

Lale, vor neun Stunden
Vorgesetzte sind auch nur Menschen und niemand kündigt gerne. Meine Empfehlung: Sie sind nicht verpflichtet, ein Trennungsgespräch zu führen, aber machen Sie es und erklären Sie die Gründe, bevor die schriftliche Kündigung rausgeht.

Fritz, vor dreißig Minuten
Wenn Sie Ihr Arbeitsverhältnis lösen möchten, dann müssen Sie das fristgerecht und schriftlich tun. Selbstverständlich brauchen Sie keine Gründe zu nennen. In Ihrem Fall können Sie ja zuerst mit Ihrer Vorgesetzten sprechen und erklären, dass Sie private Motive haben, dann ist niemand gekränkt.

Bettina, vor 12 Stunden
Nicht immer ist eine Kündigung rechtens! Besonders langjährige Arbeitnehmer genießen einen allgemeinen Kündigungsschutz. Und bestimmte Personengruppen, zum Beispiel Schwangere, haben erweiterten Schutz nach dem Sonderkündigungsgesetz.

Tina, vor zwei Tagen
Ich habe in meiner Firma schon früh Bescheid gesagt, dass wir Nachwuchs erwarten. Aber da ich Zwillinge bekomme, war es auch ziemlich schnell zu sehen. Der Gesetzgeber schreibt keine Fristen vor. Machen Sie es aber bald, damit man für Sie eine Vertretung suchen kann.

Modelltest 1   Lesen Teil 3

So geht's:

1 Lesen Sie die Fragen und überlegen Sie, um welches Thema es hauptsächlich geht.
Hier geht es generell um das Thema Kündigung. Die Personen haben Fragen zu verschiedenen Aspekten des Themas: Kündigung aus Sicht des Arbeitgebers und der Arbeitnehmenden.

2 Fangen Sie mit Aufgabe 10 an: Lesen Sie genau, was die Person schreibt, und welche konkrete Frage sie hat. Unterstreichen Sie Schlüsselwörter.
In Aufgabe 10 fragt Ansgar: *ich … muss … einen Mitarbeiter entlassen. … wie … am besten vorgehen?*

3 Überfliegen Sie dann die Tipps: In welchem Tipp geht es darum, wie man einen Mitarbeiter entlässt (= kündigt)? In Tipp a, b, c, d, und e lesen Sie das Wort *kündigen* oder Umschreibungen (= Job verlieren, Arbeitsverhältnis lösen). Aber nur Lale in Tipp c antwortet Ansgar auf seine Frage, wie er *in dem Fall am besten vorgehen soll*, sie empfiehlt: … *erklären Sie die Gründe, bevor die schriftliche Kündigung rausgeht*. Markieren Sie also c als Lösung für Aufgabe 10. Wenn Sie ganz sicher sind, können Sie den Tipp durchstreichen, er kann nicht mehr zu einer anderen Frage passen.

4 Gehen Sie für die Aufgaben 11–13 auch so vor: Frage lesen, Schlüsselwörter unterstreichen und die konkrete Frage der Person verstehen. Die (noch nicht zugeordneten) Tipps überfliegen und die Tipps genauer lesen, die ähnliche Schlüsselwörter haben. Dann entscheiden, welcher Tipp tatsächlich auf die Frage antwortet.

5 Markieren Sie in der Prüfung immer eine Antwort auf dem Antwortbogen, auch, wenn Sie sich nicht ganz sicher sind. Vergessen Sie nicht, dass zu einer Aufgabe kein Tipp passt und Sie dafür x als Lösung markieren müssen. Für die Aufgaben 11–13 können Sie Ihre Lösungen hier markieren:

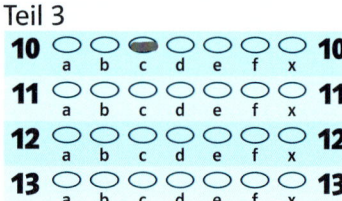

Modelltest 1   Lesen Teil 3

Sind Ihre Lösungen richtig?

11 x Will wurde in seiner *Probezeit gekündigt*, steht jetzt *unter Schock* und fragt, was er machen soll. Dazu gibt kein Tipp eine Antwort. In Tipp a wird zwar auch von kündigen gesprochen, aber hier hat Verena selbst *gekündigt*.

12 f Bahar ist *schwanger* und fragt, wann sie ihren Arbeitgeber darüber informieren muss.
In Tipp b geht es um das Thema Mutterschutz, aber hier gibt es keine Antwort auf Bahars Frage.
In Tipp f steht die Antwort: Als Tina *Nachwuchs* erwartet hat (= schwanger war) hat sie *früh Bescheid gesagt*, sie fügt aber hinzu, dass *der Gesetzgeber keine Fristen vorschreibt* (= es gibt kein Datum, zu dem man eine Schwangerschaft mitteilen muss).

13 d Serena möchte kündigen. Ihre Chefin *war aber immer sehr bemüht* (= nett zu ihr, eine gute Chefin), *mich zu halten* (= will, dass Serena bleibt). Jetzt fragt Serena wie sie das *Kündigungsschreiben angemessen formulieren soll* (= die Kündigung so schreibt, dass es auch freundlich und nett ist, obwohl die Kündigung keine gute Nachricht für die nette Chefin ist).
In Tipp a, d und e geht es um Kündigung. Aber nur Fritz gibt in Tipp d den passenden Rat: *zuerst mit Ihrer Vorgesetzten sprechen und erklären, dass Sie private Motive haben, dann ist niemand gekränkt*.

Modelltest 1   Lesen Teil 4

 Planen Sie für diesen Teil ca. 15 Minuten ein.

Wichtig:

- Sie lesen ein Protokoll mit Informationen zu Aufgaben und Abläufen innerhalb eines Betriebs.
- Sie lösen dazu fünf Multiple-Choice-Aufgaben.
- Für jede richtige Lösung gibt es 3 Punkte, insgesamt also maximal 15 Punkte.

So könnte das Aufgabenblatt aussehen:

Lesen Teil 4

Lesen Sie das Protokoll und die Aufgaben 14–18. Welche Antwort (a, b oder c) passt am besten? Markieren Sie Ihre Lösungen auf dem Antwortbogen.

Protokoll

30. Januar 20XX, 14:00–15:30 Uhr
Ort: Besprechungsraum, Baseler Landstraße 158-162, 79342 Herbolzen

Anwesende:
Franz Schwacker (FS, Geschäftsführung), Metin Basel (MB, Assistenz Geschäftsführung), Samson Abdulkarim (SA, Leitung Vertrieb), Lothar Charrier (LC, Leitung Personal), Christian Celin (CC, Leitung Online-Vertrieb); Bertha Willmann (BW, Leitung Einkauf)
Sitzungsleitung: Franz Schwacker
Protokollant: Metin Basel

Tagesordnungspunkte
1 Begrüßung und Genehmigung des letzten Protokolls
2 Verkaufszahlen
3 Webshop
4 Einführung Mitarbeiterkleidung
5 Personelles
6 Sonstiges

TOP 1
Begrüßung und Genehmigung des letzten Protokolls
FS begrüßt die Anwesenden und bittet um Genehmigung des Protokolls der letzten Sitzung. BW erhebt Einwände gegen TOP 3: Es wurden nicht wie angegeben zwei, sondern drei Vergleichsangebote zum Bau des neuen Gewächshauses eingeholt. Nach dieser Korrektur wird das Protokoll einstimmig genehmigt.

TOP 2
Verkaufszahlen
SA gibt einen Überblick über die Verkäufe im vergangenen Geschäftsjahr: Wie bisher standen mehrjährig blühende Pflanzen oben in der Rangliste der Verkäufe. Weiterhin ungeschlagen ganz vorne liegen die Schnittblumen, während sich die Zimmerpflanzen etwas geringer verkauft haben. Stärker eingebrochen dagegen sind die Verkaufszahlen bei den Orchideen. Die Überraschung des Jahres ist die Flamingoblume, die erst im Februar ins Sortiment aufgenommen wurde, und bereits auf Platz fünf der Verkäufe geklettert ist. SA berichtet insgesamt von einem positiven Ergebnis, obwohl die Absätze im vierten Quartal gegenüber dem ersten bis dritten Quartal gesunken sind.

TOP 3 Webshop
CC schlägt vor, auch für weitere Pflanzen zu prüfen, ob der Onlinehandel möglich ist. Nach seiner Einschätzung kämen dafür luftreinigende Pflanzen fürs Büro sowie Kakteen in Frage. SA wendet ein, dass sich der Verkauf von Pflanzen über das Internet durch den Aufwand für Verpackung und Versand bisher nicht gelohnt hat. Er empfiehlt, höchstens künstliche Blumen oder Trockenblumen ins Sortiment aufzunehmen. Nach kurzer Diskussion wird die Entscheidung über den Ausbau des Webshops auf das Frühjahr vertagt.

TOP 4 Einführung Mitarbeiterkleidung
LC berichtet vom Stimmungsbild unter den Mitarbeitenden zum Thema *Einheitliche Mitarbeiterkleidung*. Nahezu alle Befragten haben sich ablehnend geäußert. Es wird beschlossen, dass es außer im Verkauf bei der alten Regelung bleibt.

TOP 5 Personelles
LC informiert darüber, dass Zaccarias Özil am 1. August diesen Jahres bei uns seine Ausbildung zum Einzelhandelskaufmann beginnen wird. Herr Özil kennt unsere Firma schon von einem Schüler- und einem zweimonatigen betrieblichen Praktikum nach seinem Schulabschluss. LC betont, dass man im Betrieb einen sehr guten Eindruck von Herrn Özil gewonnen habe und besonders seine Fremdsprachenkenntnisse hilfreiche eingebunden werden können.

TOP 6 Sonstiges
FS informiert über Probleme bei der Planung der *Tage der Offenen Gärtnerei*. Diese könnten in diesem Jahr nicht wie immer am ersten Mai-Wochenende stattfinden, da durch den Bau des neuen Gewächshauses noch nicht genug Schaufläche für die Fachbesucher zur Verfügung steht. Er schlägt für die *Tage der Offenen Gärtnerei* das zweite Wochenende im Juli vor. Nach Abstimmung wird das so beschlossen. Keine sonstigen Punkte durch die Teilnehmenden. Die nächste Sitzung findet am 28.02. statt.

14 Das Protokoll der letzten Sitzung
   a hat Frau Willmann geschrieben.
   b musste korrigiert werden.
   c wird in mehreren Punkten ergänzt.

15 Die Verkäufe
   a einer neuen Pflanze waren unerwartet gut.
   b für Schnittblumen haben sich positiv verändert.
   c sind im vergangenen Jahr stark gefallen.

16 Der Handel über das Internet
   a fängt jetzt erst an.
   b macht noch keinen Gewinn.
   c wird bald ausgebaut.

17 Der neue Auszubildende
   a beendet demnächst die Schule.
   b ist das erste Mal im Betrieb.
   c wird in sechs Monaten anfangen.

18 Der Geschäftsführer
   a berichtet von Problemen im Gewächshaus.
   b plant im Sommer einen Geschäftsbesuch.
   c verschiebt den Termin einer Veranstaltung.

Modelltest 1   Lesen Teil 4

So geht's:

1 Lesen Sie die erste Aufgabe und unterstreichen Sie dabei Schlüsselwörter, die wesentlich für die Aussagen sind. Für Aufgabe 14 sind das:

14 Das <u>Protokoll</u> der letzten Sitzung
  a hat <u>Frau Willmann geschrieben</u>.
  b musste <u>korrigiert werden</u>.
  c wird <u>in mehreren Punkten ergänzt</u>.

2 Überfliegen Sie dann die Tagesordnungspunkte (TOPs) und überlegen Sie, unter welchem TOP Sie die Informationen zu der Aufgabe und jeder Antwort finden können. Lesen Sie den passenden TOP dann genauer.

3 Wenn Sie für Aufgabe 14 nicht zu allen Antworten die Informationen in TOP 1 finden, lesen Sie auch, was ganz am Anfang des Protokolls steht. Unter *Anwesende*, erfahren Sie z.B. dass BW die Abkürzung für Bertha Willmann ist, die *Einwände gegen TOP 3* im Protokoll der letzten Sitzung *erhebt* (= sie hat Fehler im letzten Protokoll gefunden, man weiß aber nicht, wer das Protokoll der letzten Sitzung geschrieben hat) – Antwort a passt also nicht. Sie lesen weiter: *Es wurden nicht wie angegeben zwei, sondern drei Vergleichsangebote zum Bau des neuen Gewächshauses eingeholt.* <u>Nach dieser Korrektur wird das Protokoll einstimmig genehmigt.</u> – Antwort b (*Das Protokoll der letzten Sitzung musste korrigiert werden.*) ist also die Lösung. Antwort c (*Das Protokoll der letzten Sitzung wird in mehreren Punkten ergänzt.*) passt nicht, denn es gab nur eine Korrektur im Protokoll.

4 Gehen Sie für die Aufgaben 15–18 genauso vor: Zuerst die Aufgabe lesen, mit den Schlüsselwörtern im Kopf schnell unter den TOPs nach ähnlichen Ausdrücken suchen, genau lesen, was dort steht und entscheiden, welche Antwort am besten passt. Meistens lesen Sie Informationen zu allen drei Antworten, aber nur eine Antwort passt am besten zu dem, was im Text steht.
Die Aufgaben sind in der Reihenfolge der TOPs, d. h. die Informationen für Aufgabe 15 finden Sie weiter hinten im Protokoll als die Informationen für Aufgabe 14 etc. Lesen Sie die Namen und die Abkürzungen oben im Protokoll nur, wenn Sie sie für die Lösung der Aufgaben brauchen.
Manchmal gibt es auch einen TOP im Protokoll, zu dem es keine Aufgabe gibt.

5 Lösen Sie jetzt die Aufgaben 15–18. In der Prüfung müssen Sie alle Lösungen auf dem Antwortbogen markieren. Zum Üben können Sie Ihre Lösungen hier markieren:

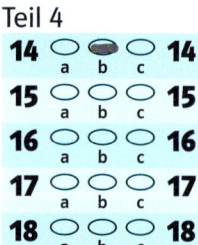

Modelltest 1 Lesen Teil 4

Sind Ihre Lösungen richtig?

15 a *Die Verkäufe einer neuen Pflanze waren unerwartet gut.*
Die Informationen finden Sie unter Top 2. Sie lesen zuerst etwas zu Antwort b (*Die Verkäufe für Schnittblumen haben sich positiv verändert.*): *Weiterhin ungeschlagen ganz vorne liegen die Schnittblumen*. Die Verkäufe von Schnittblumen sind positiv, aber *weiterhin* bedeutet, dass sie das auch vorher schon waren, sich also nicht positiv verändert haben, sondern positiv geblieben sind. Antwort a (*Die Verkäufe einer neuen Pflanze waren unerwartet gut.*) passt, denn Sie lesen: *Die Überraschung des Jahres* (= unerwartet) *ist die Flamingoblume, die erst im Februar ins Sortiment aufgenommen wurde* (= neu ist) *und bereits auf Platz fünf der Verkäufe geklettert ist* (= gut).
Antwort c (*Die Verkäufe sind im vergangenen Jahr stark gefallen.*) passt nicht, denn ganz am Ende von Top 2 lesen Sie: *SA berichtet insgesamt von einem positiven Ergebnis, obwohl die Absätze im vierten Quartal gegenüber dem ersten bis dritten Quartal gesunken sind*.

16 b *Der Handel über das Internet macht noch keinen Gewinn.*
Die Informationen finden Sie unter TOP 3. Antwort a (*Der Handel über das Internet fängt jetzt erst an.*) passt nicht, denn gleich im ersten Satz lesen Sie: *CC schlägt vor, auch für weitere Pflanzen zu prüfen, ob der Onlinehandel möglich ist.* – der Onlinehandel besteht zum Zeitpunkt der Sitzung also schon. Im dritten Satz lesen Sie: *SA wendet ein, dass sich der Verkauf von Pflanzen über das Internet durch den Aufwand für Verpackung und Versand bisher nicht gelohnt hat* (= noch keinen Gewinn gemacht hat). Antwort b passt also. Antwort c (*Der Handel über das Internet wird bald ausgebaut.*) passt auch nicht, weil *die Entscheidung über den Ausbau des Webshops auf das Frühjahr vertagt* (= verschoben, nicht bald entschieden) *wird*.

17 b *Der neue Auszubildende wird in sechs Monaten anfangen.*
Die Informationen finden Sie unter TOP 5 und ganz oben im Protokoll beim Datum. Dort können Sie sehen, wann das Protokoll geschrieben wurde. Sie können die Aufgabe ohne diese Information nicht lösen. Antwort b ist richtig, denn Ausbildungsbeginn ist *am 1. August* und das Protokoll wurde am 30.01. geschrieben. Antwort a und c passen nicht, denn Sie lesen: *Herr Özil kennt unsere Firma schon von einem Schüler- und einem zweimonatigen betrieblichen Praktikum nach seinem Schulabschluss*. Der neue Auszubildende ist also nicht zum ersten Mal im Betrieb und die Schule hat er auch schon beendet.

18 c *Der Geschäftsführer verschiebt den Termin einer Veranstaltung.*
Die Informationen finden Sie unter TOP 6. Antwort a (*Der Geschäftsführer berichtet von Problemen im Gewächshaus.*) passt nicht, denn Sie lesen: *FS* (= der Geschäftsführer) *informiert über Probleme bei der Planung der Tage der Offenen Gärtnerei*. Das Problem ist auch nicht das Gewächshaus, sondern dass am ersten Mai-Wochenende *noch nicht genug Schaufläche für die Fachbesucher zur Verfügung steht*. Fachbesucher sind kein Synonym für Geschäftsbesuch, der Geschäftsführer sagt auch nichts davon, dass er im Sommer einen Geschäftsbesuch plant – Antwort b (*Der Geschäftsführer plant im Sommer einen Geschäftsbesuch.*) passt deshalb auch nicht.
Wenn Antwort a und b eindeutig falsch sind, muss Antwort c passen. Suchen Sie trotzdem die passende Stelle im Text und vergleichen Sie: *Er schlägt für die Tage der Offenen Gärtnerei das zweite Wochenende im Juli vor. Nach Abstimmung wird das so beschlossen*. Das entspricht Antwort c (*Der Geschäftsführer verschiebt den Termin einer Veranstaltung.*)

Modelltest 1   Lesen und Schreiben

 Für diesen Teil haben Sie 20 Minuten Zeit.

Wichtig:

- Sie lesen zwei E-Mails: Die obere ist eine E-Mail Ihrer Teamleitung mit der Bitte, auf die Beschwerde einer Kundin oder eines Kunden zu reagieren. Die untere Mail ist die Kundenmail.
- Sie müssen zu der E-Mail der Kundin / des Kunden zwei Multiple-Choice-Aufgaben lösen (Lesen).
- Sie müssen der Kundin / dem Kunden eine E-Mail als Antwort auf die Beschwerde schreiben (Schreiben). Dafür finden Sie Punkte in der Mail der Teamleitung und müssen sich passende Antworten ausdenken.
- Achtung: Ihre Lösungen für die Aufgaben 19 und 20 markieren Sie auf dem Antwortbogen für den Teil *Lesen*. Ihre E-Mail für Aufgabe 21 schreiben Sie auf einen anderen Antwortbogen.
- Für die Multiple-Choice-Aufgabe gibt es je 3 Punkte, insgesamt also maximal 6 Punkte.
- Für Ihre E-Mail gibt es maximal 7 Punkte dafür, wie Sie die Aufgabe umsetzen. Außerdem wird Ihre E-Mail zusammen mit Ihrem Forumsbeitrag für den Teil Schreiben nach verschiedenen weiteren Kriterien bewertet (siehe S. 8).

So könnte das Aufgabenblatt aussehen:

Lesen und Schreiben

Ihre Teamleitung leitet Ihnen die E-Mail von einer Kundin weiter und bittet Sie zu antworten.

Erhalten: heute 08:27 Uhr
Von: Helena Nadal
An: …

Betreff: FW Beschwerde: Schmutzige Duschen in Ihrem Fitnesscenter seit dem 1.04.

Hallo,

die unten stehende Mail habe ich gerade bekommen. Bitte kümmern Sie sich darum und antworten Sie der Kundin höflich. Ich möchte nicht, dass sie schlecht über uns und das Studio spricht. Und natürlich möchten wir sie auch nicht als Kundin verlieren.
Schreiben Sie der Kundin ruhig, warum es bei uns diese Probleme gab. Sie können ihr auch etwas anbieten, damit sie nicht mehr so verärgert ist.

Vielen Dank und mit Grüßen
Helena Nadal
Teamleiterin

Modelltest 1   Lesen und Schreiben

Gesendet: heute 08:14 Uhr
Von: Zara Hafiz
An: Helena Nadal

Betreff: Beschwerde: Schmutzige Duschen in Ihrem Fitnesscenter seit dem 1.04.

Sehr geehrte Frau Nadal,

meine Kolleginnen und ich besuchen seit mehreren Monaten Ihr Fitnesscenter. Wir nehmen zwei Mal in der Woche um 7:30 Uhr am Kurs *Rückenfit* teil. Unsere Trainerin Kasia ist qualifiziert und es lohnt sich, bei ihr zu trainieren.
Bisher waren wir mit allem sehr zufrieden, aber bei unseren letzten drei Besuchen lagen viele Haare in der Dusche und die Toiletten waren nicht geputzt. Das ist eklig! An den Waschbecken waren außerdem wiederholt die Seifenspender leer und es gab keine Papierhandtücher.
Wir haben mit anderen Mitgliedern gesprochen, die uns versicherten, dass nach 15 Uhr wieder alles in Ordnung ist – das ist für uns aber zu spät!

In einem hochpreisigen Studio wie Ihrem erwarten wir, dass alles stimmt. Wir werden nicht sofort kündigen, unsere Beiträge für diesen Monat aber zurückbuchen, wenn Sie diese Probleme nicht schnell beheben!

Mit freundlichen Grüßen

Zara Hafiz

Welche Lösung (a, b oder c) passt am besten? Markieren Sie auf dem Antwortbogen.

19 Frau Hafiz und ihre Kolleginnen
    a beschweren sich über mangelnde Hygiene.
    b bezahlen zu hohe Beträge.
    c sind mit dem Kurs unzufrieden.

20 Das Problem
    a besteht seit mehreren Monaten.
    b ist auch anderen Mitgliedern bekannt.
    c tritt vor allem nachmittags auf.

21 *Schreiben Sie eine E-Mail an die Kundin. Setzen Sie dabei alle Punkte Ihrer Teamleitung um.*

Achten Sie darauf, dass Sie der Kundin gegenüber eine angemessene Sprache verwenden (Anrede, Höflichkeit, formelle Sprache etc.).

Hinweis: In der Prüfung haben Sie auf dem Aufgabenblatt Platz für Notizen. Ihre Mail müssen Sie dann direkt auf den Antwortbogen schreiben. Die Lösungen für die Aufgaben 19 und 20 müssen Sie auf dem Antwortbogen für den Teil *Lesen* bei *Lesen und Schreiben* markieren.

Modelltest 1   Lesen und Schreiben

So geht's:

1 Lesen Sie zuerst die Multiple-Choice-Aufgaben, die sich auf die Mail der Kundin beziehen, und die Ihnen helfen, den Inhalt dieser Mail zu verstehen. Markieren Sie Schlüsselwörter.

2 Lesen Sie danach die Kundenmail und lösen Sie die Aufgaben 19 und 20.

3 Lesen Sie dann die Mail der Teamleitung. Dort finden Sie Hinweise (Punkte), worauf Sie antworten sollen. Unterstreichen Sie diese Punkte. Sie sollen der Kundin *höflich antworten*, *warum es diese Probleme gab* und Sie sollen ihr *etwas anbieten*, *damit sie nicht mehr so verärgert ist*. Wichtig ist, dass Sie in Ihrer Mail etwas zu allen Punkten der Teamleitung schreiben. Auch in der Kundenmail finden Sie Hinweise, die Sie für Ihre Mail nutzen können (z.B. was genau der Grund für die Beschwerde ist).

4 Überlegen Sie sich einen Grund, warum das Fitnesscenter vormittags nicht sauber war. (z.B.: die Putzkraft hat ihre Arbeit nicht gut gemacht, ist plötzlich ausgefallen …) Überlegen Sie sich auch, was Sie der Kundin als Entschädigung anbieten (z.B. einen Monat Gratis-Training, einen Gutschein oder ein Geschenk).
In der Prüfung haben Sie auf dem Aufgabenblatt Platz, Ihre Ideen zu notieren. Nehmen Sie sich aber nicht zu viel Zeit für die Notizen, bewertet wird nur, was Sie auf den Antwortbogen schreiben.

5 Schreiben Sie Ihre E-Mail direkt auf den Antwortbogen. Beginnen Sie mit einer passenden Anrede, entschuldigen Sie sich, gehen Sie auf alle Punkte Ihrer Teamleitung ein und schreiben Sie eine zu der Beschwerde passende Antwort. Denken Sie an einen passenden Gruß am Ende und unterschreiben Sie mit Ihrem Vor- und Ihrem Nachnamen.

6 Lösen Sie jetzt die Aufgaben 19 und 20. Sie können Ihre Lösungen hier markieren und auch Ihre E-Mail an die Kundin auf den Antwortbogen auf der nächsten Seite schreiben:

Lesen und Schreiben

19 ◯ ◯ ◯ 19
   a b c
20 ◯ ◯ ◯ 20
   a b c

Modelltest 1   Lesen und Schreiben

21 Lesen und Schreiben

Senden	An …	
	Cc …	
	Betreff	

Modelltest 1 Lesen und Schreiben

Sind Ihre Lösungen richtig?

19 a *Frau Hafiz und ihre Kolleginnen beschweren sich über mangelnde Hygiene.*
Sie lesen zuerst etwas zu Lösung c (Frau Hafiz und ihre Kolleginnen sind mit dem Kurs unzufrieden.), Frau Hafiz schreibt: *Unsere Trainerin Kasia ist qualifiziert und es lohnt sich, bei ihr zu trainieren*. Frau Hafiz und ihre Kolleginnen finden ihren Kurs also gut und beschweren sich nicht. In der Mitte ihrer Mail schreibt Frau Hafiz: *… aber bei unseren letzten drei Besuchen lagen viele Haare in der Dusche und die Toiletten waren nicht geputzt. Das ist eklig!* Sie beschwert sich also über mangelnde Hygiene, Lösung a passt. Auch der Betreff (Beschwerde: Schmutzige Duschen in Ihrem Fitnesscenter …) belegt diese Lösung.
Lösung b passt nicht, denn im letzten Absatz schreibt Frau Hafiz zwar: *In einem hochpreisigen* (= teurem) *Studio wie Ihrem erwarten wir, dass alles stimmt.* Sie beschwert sich aber nicht über die zu hohen Beiträge, sondern betont nur, dass sie für den Preis gute Qualität möchte.

20 b *Das Problem ist auch anderen Mitgliedern bekannt.*
Die Kundin schreibt gleich am Anfang, dass sie *seit mehreren Monaten* das Fitnesscenter besucht, das Problem aber erst *bei unseren letzten drei Besuchen* aufgetreten ist. Lösung a (*Das Problem besteht seit mehreren Monaten*) passt also nicht. Lösung b passt, denn weiter unten schreibt Frau Hafiz: *Wir haben mit anderen Mitgliedern gesprochen, die uns versicherten, dass nach 15 Uhr wieder alles in Ordnung ist* – wenn sie mit anderen Mitgliedern über das Problem gesprochen hat, dann ist den anderen Mitgliedern das Problem bekannt.
Lösung c (*Das Problem tritt vor allem nachmittags auf.*) passt nicht, denn hier lesen Sie auch, dass … *die* (= anderen Mitglieder) *uns versicherten, dass nach 15 Uhr* (= nachmittags) wieder *alles in Ordnung ist*. Das Problem *tritt nachmittags* also gar nicht *auf*.

Eine E-Mail an die Kundin könnte zum Beispiel so aussehen:

Sehr geehrte Frau Hafiz,

es tut uns sehr leid, dass Sie mit der Hygiene in unseren Duschen und Toiletten nicht zufrieden sind und wir stimmen Ihnen zu: Das ist in einem Fitnesscenter wie unserem nicht akzeptabel.

Wir haben inzwischen mit dem Putzdienst gesprochen und diesen um eine weitere Kraft verstärkt. Solche Mängel werden in Zukunft also nicht mehr auftreten, das versichern wir Ihnen. Bei Ihrem nächsten Besuch werden Sie feststellen, dass alles wieder so sauber ist, wie es sein muss.

Wir möchten uns bei Ihnen und Ihren Kolleginnen entschuldigen und Ihnen dafür danken, dass Sie uns trotzdem treu geblieben sind. Als Dankeschön haben wir ein kleines Geschenk für Sie vorbereitet: Unseren Trainingsrucksack mit Überraschung. Bitte melden Sie sich bei Ihrem nächsten Besuch am Empfang unseres Centers.

Wir hoffen, dass Sie mit dieser Lösung zufrieden sind und weiterhin gerne bei uns trainieren.

Mit freundlichen Grüßen

Naida Sakif

Modelltest 1 Hören Teil 1

Der Teil Hören dauert insgesamt ca. 20 Minuten. Sie hören alle Teile direkt hintereinander.

Wichtig:

- Sie hören drei Gespräche. In den Gesprächen werden Arbeitsabläufe oder Probleme besprochen und Vorschläge gemacht.
- Sie lesen sechs Aufgaben. Zu jedem Gespräch gibt es eine Richtig/Falsch- und eine Multiple-Choice-Aufgabe.
- Sie hören die Gespräche nur einmal.
- Für jede richtige Lösung gibt es 3 Punkte, insgesamt also maximal 18 Punkte.

So könnte das Aufgabenblatt aussehen:

Hören Teil 1

Sie hören drei Gespräche. Zu jedem Gespräch gibt es zwei Aufgaben. Ist die Aussage dazu richtig oder falsch und welche Antwort (a, b oder c) passt am besten?
Markieren Sie Ihre Lösungen für die Aufgaben 22–27 auf dem Antwortbogen.

*Sie hören die Gespräche **einmal**.*

 1

22 Die Leiterin erklärt Herrn Demir seine Aufgaben.
richtig/falsch?

23 Herr Demir
   a hat diese Woche Bereitschaftsdienst.
   b kann seine Dienstzeiten mitbestimmen.
   c macht keine Nachtschichten.

 2

24 Die Kundin hat eine Reklamation.
richtig/falsch?

25 Das Küchenhaus in der City möchte
   a das Sortiment passend erweitern.
   b möglichst preiswerte Artikel kaufen.
   c vorerst noch nichts bestellen.

26 Herr Leopold ist die neue Assistenz in der Firma.
richtig/falsch?

27 Herr Leopold
   a muss schnellstmöglich Unterlagen digitalisieren.
   b übernimmt die Organisation der Dienstreisen.
   c wird ab sofort in Bonn und Berlin tätig sein.

Modelltest 1 Hören Teil 1

So geht's:

1 Sie bekommen vor dem ersten Gespräch keine Lesezeit. Lesen Sie also während der Ansage die ersten beiden Aufgaben und unterstreichen Sie Schlüsselwörter. Passen Sie auf, dass Sie den Anfang des Gesprächs nicht verpassen! Die anderen Aufgaben können Sie in den kurzen Pausen zwischen den Gesprächen lesen und Schlüsselwörter unterstreichen. Für Aufgabe 22 und 23 sind das:

22 Die <u>Leiterin erklärt</u> Herrn <u>Demir</u> seine <u>Aufgaben</u>.
richtig/falsch?

23 Herr <u>Demir</u>
  a hat <u>diese Woche Bereitschaftsdienst</u>.
  b <u>kann seine Dienstzeiten mitbestimmen</u>.
  c <u>macht keine Nachtschichten</u>.

2 Lesen Sie beim Hören beide Aufgaben mit. Manchmal können Sie die Multiple-Choice-Aufgabe vor der Richtig/Falsch-Aufgabe lösen. Die Information zu den Aufgaben a, b und c hören Sie oft in einer anderen Reihenfolge. Sie hören im Gespräch oft Namen und müssen verstehen, wer die Personen sind und warum sie miteinander sprechen. Herr Demir ist eine Pflegekraft in einem Seniorenwohnheim und spricht mit der Leiterin. Sie müssen für Aufgabe 22 entscheiden, ob die Leiterin Herrn Demir die Aufgaben erklärt oder nicht. Im Lauf des Gesprächs wird klar, dass die Leiterin ihm die Übergaben zwischen den Arbeitsschichten und den Dienstplan erklärt, aber nichts zu seinen Aufgaben sagt. Aufgabe 22 ist also falsch.

3 Inzwischen haben Sie auch schon Informationen gehört, die zu Aufgabe 23 passen. Am Anfang des Gesprächs sagt die Leiterin: *Wir versuchen, die Übergaben immer durch eine Person in Bereitschaft möglichst störungsfrei zu halten …* Antwort a (*Herr Dimir hat diese Woche Bereitschaftsdienst.*) passt also nicht. Etwas später sagt die Leiterin: *Ich schicke die vorläufigen Dienstpläne immer 6 Wochen im Voraus an alle Beschäftigten. Soweit es geht, versuche ich Wünsche zu berücksichtigen* – das entspricht Antwort b (*Herr Demir kann seine Dienstzeiten mitbestimmen.*). Im Anschluss sagt sie: *Wenn Sie also mal für eine Nachtschicht eingeteilt sind … dann können Sie gerne tauschen.* Herr Demir kann eine Nachtschicht also tauschen, aber machen muss er sie, deshalb passt Antwort c (*Herr Demir macht keine Nachtschichten.*) nicht.

4 Markieren Sie in der Prüfung Ihre Lösungen am besten direkt auf dem Antwortbogen oder nutzen Sie die Zeit zwischen Hören Teil 1 und Hören Teil 2 dafür. Markieren Sie immer eine Antwort, auch wenn Sie sich nicht ganz sicher sind. In der Prüfung werden nur die Lösungen bewertet, die Sie auf dem Antwortbogen markiert haben.

5 Lösen Sie jetzt die Aufgaben 24–27 (Track 2). Zum Üben können Sie Ihre Lösungen hier markieren:

Hören

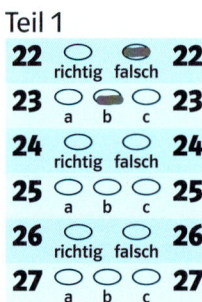

Modelltest 1   Hören Teil 1

Sind Ihre Lösungen richtig?

24 falsch *Die Kundin hat eine Reklamation.*
Die Kundin Frau Richter möchte sich beim Anbieter Herrn Waldner zu Werbegeschenke beraten lassen. Sie möchte etwas, *das nicht so schnell kaputtgeht* – aber das ist keine Reklamation.

25 c *Das Küchenhaus in der City möchte vorerst noch nichts bestellen.*
Sie hören, dass das Küchenhaus sein *30-jähriges Jubiläum* feiert und dafür *kleine Geschenke* sucht, die *zu unserem Geschäft passen*. Antwort a (*Das Küchenhaus in der City möchte das Sortiment passend erweitern.*) passt also nicht. Antwort b (*Das Küchenhaus in der City möchte* möglichst preiswerte Artikel kaufen.) passt auch nicht, denn Sie hören: *Es* (= die Werbegeschenke) *darf schon ein bisschen was kosten*. Antwort c (*Das Küchenstudio in der City möchte vorerst noch nichts bestellen.*) passt, denn Frau Richter sagt: *Dann schau ich mir das jetzt in Ruhe auf Ihrer Webseite an und melde mich dann. Bevor wir eine Bestellung aufgeben, müssen wir im Lager Platz schaffen.*

26 richtig *Herr Leopold ist die neue Assistenz in der Firma.*
Zu Beginn des Gesprächs sagt der Vorgesetzte zu Herrn Leopold: *So, Herr Leopold, dann machen wir gleich mal einen Rundgang.* Es wird klar, dass Herr Leopold neu in der Firma ist. Später sagt sein Vorgesetzter zu Herrn Leopold: *Sie helfen bei der Vorbereitung von Präsentationen und unterstützen bei den Recherchen.* Das sind z.B. Aufgaben eines Assistenten.

27 b *Herr Leopold übernimmt die Organisation der Dienstreisen.*
Antwort c (*Herr Leopold wird ab sofort in Bonn und Berlin tätig sein.*) passt nicht, denn die Firma hat *Standorte in Bonn, Berlin, Brüssel und Basel*, aber Herr Leopold muss nicht dort arbeiten oder dorthin reisen. Gleich im Anschluss hören Sie: *so ganz vermeiden können wir Dienstreisen aber leider noch nicht*. Herr Leopold macht einen Vorschlag für Bahnreisen, dann sagt sein Chef: *Das müssen Sie dann im Einzelnen mit den entsprechenden Mitarbeiterinnen und Mitarbeitern klären, das gehört auch zu Ihren Aufgaben.* – das entspricht Antwort b (*Herr Leopold übernimmt die Organisation der Dienstreisen.*) Zu Antwort a (*Herr Leopold muss schnellstmöglich Unterlagen digitalisieren.*) hören Sie erst danach etwas. Der Chef sagt: *Unsere Akten werden gerade eingescannt und digitalisiert und stehen größtenteils schon als E-Akten zur Verfügung*. Er sagt nicht, wer das macht, oder dass Herr Leopold die Akten digitalisieren soll.

Modelltest 1   Hören Teil 2

Wichtig:

- Es geht in Hören Teil 2 immer um ein zentrales Thema, zu dem Personen verschiedene Meinungen haben.
- Sie lesen sechs Sätze. Jeder Satz fasst eine Argumentation oder Haltung zu dem Thema zusammen.
- Sie hören vier Gespräche und müssen jedem Gespräch den Satz zuordnen, der am besten dazu passt. Zwei Sätze passen zu keinem Gespräch.
- Sie hören jedes Gespräch nur einmal.
- Für jede richtige Lösung gibt es 3 Punkte, insgesamt also maximal 12 Punkte.

So könnte das Aufgabenblatt aussehen:

Hören Teil 2

Sie hören vier Gespräche. Welcher der Sätze a–f passt am besten zu welchem Gespräch?
Markieren Sie Ihre Lösungen für die Aufgabe 28–31 auf dem Antwortbogen.

Lesen Sie jetzt die Sätze a–f. Dazu haben Sie eine Minute Zeit.

*Danach hören Sie die Gespräche **einmal**.*

 3   28 …

 4   29 …

30 …

31 …

a   Sich weiterzubilden garantiert keine schnelle Karriere.

b   Eine Weiterbildung ist immer den Aufwand wert.

c   Entwicklungsmöglichkeiten gibt es nur für Hochqualifizierte.

d   Für die passende Weiterbildung muss man die eigenen beruflichen Ziele kennen.

e   Eine Weiterbildung ist für manche schwer zu organisieren.

f   Wer eine berufsbegleitende Weiterbildung macht, hat wenig Zeit.

Modelltest 1　　Hören Teil 2

So geht's:

1 Bevor das erste Gespräch anfängt, haben Sie eine Minute Zeit, um die Sätze a–f zu lesen. Unterstreichen Sie die Schlüsselwörter und versuchen Sie, ein gemeinsames Thema zu erkennen.
Hier geht es um das Thema Weiterbildung und allgemeine Aussagen dazu.

2 Nach einem Signal hören Sie die Ansage *Nummer 28* und das Gespräch beginnt. Hören Sie aufmerksam zu und vergleichen Sie mit den unterstrichenen Schlüsselwörtern in den Sätzen. Sie hören meistens nicht genau dieselben Wörter, sondern ähnliche Formulierungen.

3 Im Gespräch zu Aufgabe 28 überlegt sich Grit, *neben dem Job auch was* (= eine Weiterbildung wie Lennart) *zu machen*. Sie weiß aber *gar nicht, was es gibt. Ich würde mich gerne irgendwie weiterqualifizieren*. Lennart sagt: *Dann solltest du erstmal darüber nachdenken, wozu du eine Weiterbildung machen willst. Was du hier im Betrieb damit erreichen willst*. Dazu passt Satz d: Für die passende Weiterbildung muss man die eigenen beruflichen Ziele kennen.

4 Hören Sie die Gespräche zu Aufgabe 29–31 und lesen Sie die Sätze dabei mit. Achten Sie auf ähnliche oder gleichbedeutende Formulierungen in den Gesprächen und den Sätzen. Kontrollieren Sie immer kurz: Passt vielleicht ein von Ihnen schon gewählter Satz doch noch besser zu einem anderen Gespräch?
In der Prüfung können Sie Ihre Lösung zuerst neben der Aufgabe notieren und sie auf den Antwortbogen übertragen, bevor Hören Teil 3 beginnt.

5 Lösen Sie jetzt Aufgabe 29–31 (Track 4). Zum Üben können Sie Ihre Lösungen hier markieren:

Teil 2

	a	b	c	d	e	f	
28	○	○	○	●	○	○	28
29	○	○	○	○	○	○	29
30	○	○	○	○	○	○	30
31	○	○	○	○	○	○	31

Modelltest 1   Hören Teil 2

Sind Ihre Lösungen richtig?

29 f *Wer eine berufsbegleitende Weiterbildung macht, hat wenig Zeit.*
Mina kann nach der Arbeit um 18 Uhr nicht mit den Kollegen etwas trinken gehen, weil sie eine *Zusatzqualifizierung* macht und sich *noch vorbereiten* muss. Auf die Frage, ob sich das lohnt, antwortet sie: *Sport machen und Freunde treffen* (= Freizeit) *kann ich da tatsächlich nicht mehr, ich brauche jede Minute zum Lernen.* Sie macht also neben ihrer Berufstätigkeit eine Weiterbildung und hat wenig Zeit.

30 a *Sich weiterzubilden garantiert keine schnelle Karriere.*
Billie kommt von einem Vorstellungsgespräch, obwohl sie schon eine Stelle hat. Sie sagt, dass sie *neben* ihrer *Arbeit in der Firma* in ihrer *Freizeit ein Fernstudium gemacht* und sich *zur Leitungskraft qualifiziert* hat, aber sie ist *nicht mal Teamleiterin*. Obwohl sie sich weitergebildet hat, macht sie keine Karriere. Ansgar fragt dann noch: *Hast du gedacht, dass du nach deinem Studium gleich eine eine Stufe auf deiner Karriereleiter hochkletterst?* Und Billie antwortet: *Ja, ich habe gedacht, das geht schneller* – das alles passt zu Satz a.

31 e *Eine Weiterbildung ist für manche schwer zu organisieren.*
Julia macht eine Online-Weiterbildung und findet: *mit dem Job und der Familie – alles nebeneinander hinzubekommen, ist anstrengender, als ich gedacht habe*. Zwar ist sie durch die Online-Weiterbildung *zeitlich etwas flexibler*, sie fügt jedoch hinzu: *Aber trotzdem brauche ich dann Ruhe und muss absprechen, wer so lange auf die Kinder aufpasst*. Sie hat also manchmal Schwierigkeiten, die Weiterbildung neben ihrer Berufstätigkeit zu organisieren.

Modelltest 1 Hören Teil 3

Wichtig:

- Sie sehen fünf Folien zu einer Präsentation und fünf Multiple-Choice-Aufgaben. Die erste Aufgabe ist immer ein Beispiel. Vier Aufgaben müssen Sie lösen.
- Sie hören eine Präsentation mit betriebsbezogenen Informationen.
- Sie müssen für jede Aufgabe entscheiden, welche der Lösungen jeweils am besten passt.
- Sie hören die Präsentation nur einmal.
- Für jede richtige Lösung gibt es drei Punkte, insgesamt also maximal 12 Punkte.

So könnte das Aufgabenblatt aussehen:

Hören Teil 3

Sie hören gleich eine Präsentation. Dazu gibt es vier Aufgaben. Welche Lösung (a, b oder c) passt jeweils am besten? Markieren Sie Ihre Lösungen für die Aufgaben 32–35 auf dem Antwortbogen.
Lesen Sie jetzt die Aufgaben. Dazu haben Sie eine Minute Zeit.

*Danach hören Sie die Präsentation **einmal**.*

▷ 5

Neues Schließsystem

Beispiel: Wer informiert die Mitarbeitenden?
- a̸ Die Geschäftsführerin
- b Eine Mitarbeiterin
- c Eine externe Beraterin

Warum ein neues Schließsystem?

32 Das elektronische Schließsystem
- a ermöglicht neue Funktionen.
- b ist einfach einzubauen.
- c kostet weniger als erwartet.

▷ 6

Zutrittsberechtigungen

33 Die Zutrittsberechtigung
- a beantragt man in der IT-Abteilung.
- b braucht man nicht für die Küche.
- c vergibt die Personalabteilung.

Chipkarte

34 Die Chipkarte
- a kostet für die Mitarbeiter eine Gebühr.
- b muss man vorsichtig benutzen.
- c wird bei Verlust am Empfang gesperrt.

Einbau des Schließsystems

35 Die Umstellung wird
- a erst im kommenden Jahr vorgenommen.
- b von einer Sicherheitsfirma ausgeführt.
- c voraussichtlich mehrere Wochen dauern.

Modelltest 1   Hören Teil 3

So geht's:

1 Sie haben eine Minute Zeit, um die Aufgaben zu lesen und Schlüsselwörter zu unterstreichen, bevor die Präsentation beginnt. Das Beispiel ist immer schon gelöst und hilft Ihnen zu verstehen, worum es in der Präsentation geht oder wer präsentiert. Für Aufgabe 32 sind folgende Wörter wichtig:

32 Das <u>elektronische Schließsystem</u>
    a ermöglicht <u>neue Funktionen</u>.
    b ist <u>einfach einzubauen</u>.
    c <u>kostet weniger als erwartet</u>.

2 Nach der Minute Lesezeit hören Sie ein Signal, die Präsentation beginnt und läuft ohne Pause bis zum Ende. Die Aufgaben folgen in der Reihenfolge der Präsentation. Sie müssen selbst erkennen, wann über welche Aufgabe gesprochen wird. Meistens hören Sie ähnliche Ausdrücke. Manchmal merken Sie durch eine Zwischenfrage der Zuhörer, dass über die nächste Folie und die nächste Aufgabe gesprochen wird.

3 Aus dem Beispiel wissen Sie, dass die Geschäftsführerin die Mitarbeitenden informiert. Sie hören weiter, dass die Firma ein neues Schließsystem einbauen will und warum – ab hier geht es also schon um Aufgabe 32. Lösung b (*Das elektronische Schließsystem ist einfach einzubauen.*) passt nicht, denn die Geschäftsführerin sagt: *Der Umbau wird einige Zeit dauern – und ist natürlich auch mit einigem Aufwand verbunden* (= nicht einfach einzubauen) – sie sagt danach: *das ist uns bewusst. Aber das ist es uns auch wert.* Lösung c (*Das elektronische Schließsystem kostet weniger als erwartet.*) kann man hier noch nicht ganz ausschließen. Inzwischen hören Sie etwas zu Lösung a (*Das elektronische Schließsystem ermöglicht neue Funktionen.*) Die Geschäftsführerin sagt: *Durch die Schließkarte wird festgehalten, wer gerade wo in den Geschäftsräumen ist. Das konnte ein Schlüssel nicht leisten Außerdem können Sie Geld auf die Karte laden und damit mittags in der Kantine Ihr Mittagessen bezahlen.* Das sind neue Funktionen, die das elektronische Schließsystem ermöglicht, und die ein Schlüssel nicht hatte. Lösung a passt. Ganz am Ende hören Sie noch: *Wenn man das alles einrechnet, dann wird klar, warum wir uns trotz der nicht geringen Kosten für den Einbau der neuen Schließanlage entschieden haben.* Die Schließanlage kostet also nicht weniger als erwartet – jetzt können Sie klar auch c als Lösung ausschließen.

4 Hören Sie weiter konzentriert zu und lesen Sie dabei immer die Aufgabe mit. Vergleichen Sie, ob das, was die Person sagt, mit der jeweiligen Lösung übereinstimmt oder nicht.
Sie können Ihre Lösung zuerst auf dem Aufgabenblatt notieren und dann auf dem Antwortbogen markieren, wenn die Präsentation zu Ende ist.

5 Lösen Sie jetzt die Aufgaben 33–35 (Track 6). In der Prüfung müssen Sie alle Lösungen auf dem Antwortbogen markieren. Zum Üben können Sie Ihre Lösungen hier markieren:

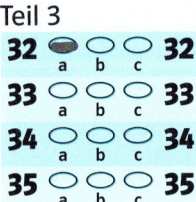

Modelltest 1   Hören Teil 3

Sind Ihre Lösungen richtig?

33 c *Die Zutrittsberechtigung vergibt die Personalabteilung.*
Sie hören zuerst etwas zu Lösung b (*Die Zutrittsberechtigung braucht man nicht für die Küche.*). Die Geschäftsführerin gibt ein Beispiel, zu welchen Räumen Frau Zündmann Zutritt hat: *… Sie kommen mit Ihrer Karte zum Beispiel nicht in die IT-Abteilung, weil Sie nicht dort arbeiten. Auch nicht in die Küche oder ins Lager – diese Türen können wie bisher nur von den entsprechenden Mitarbeitenden geöffnet werden.* Für die Küche braucht man also (generell) schon eine Zugangsberechtigung, nur Frau Zündmann nicht, weil sie nicht dort arbeitet. Lösung b passt also nicht.
Lösung a (*Die Zutrittsberechtigung beantragt man in der IT-Abteilung.*) passt auch nicht, denn in der IT-Abteilung holt man die Schließkarte nur ab, man beantragt sie dort nicht. Die Geschäftsführerin sagt dazu: *Sie geben Ihre Schlüssel in der Personalabteilung gegen eine Quittung ab und man prüft, wo Sie arbeiten und für welche Bereiche man Sie freischalten muss. Diese Zugangsberechtigung wird an die IT-Abteilung geschickt und dort können Sie sich dann Ihre aktivierte, personalisierte Schließkarte … abholen.* Also ist c die Lösung, die am besten passt: *Die Zutrittsberechtigung vergibt die Personalabteilung.*

34 c *Die Chipkarte wird bei Verlust am Empfang gesperrt.*
Lösung a (*Die Chipkarte kostet für die Mitarbeiter eine Gebühr.*) passt nicht, denn nur *die Ausstellung einer Ersatzkarte … ist gebührenpflichtig*.
Lösung b (*Die Chipkarte muss man vorsichtig benutzen.*) passt auch nicht, denn die Geschäftsführerin sagt, dass man *sich schon anstrengen* muss, *um die Karte kaputt zu machen*. Die Karte ist also stabil und man braucht sie nicht vorsichtig zu benutzen.
Lösung c (*Die Chipkarte wird bei Verlust am Empfang gesperrt.*) passt am besten, denn auf die Frage, was man tun muss, wenn man die Karte verliert, sagt die Geschäftsführerin: *Wenn Sie Ihre Karte verlieren …, dann setzen Sie bitte umgehend den diensthabenden Mitarbeiter am Empfang in Kenntnis. … die Karte wird dort sofort deaktiviert* (= gesperrt).

35 c *Die Umstellung wird voraussichtlich mehrere Wochen dauern.*
Lösung a (*Die Umstellung wird erst im kommenden Jahr vorgenommen.*) passt nicht, denn auf die Frage einer Mitarbeiterin *wann … die Schließung eingebaut wird*, antwortet die Geschäftsführerin, dass *sich das alles bis in den Januar ziehen* kann, *auch wenn es schon Mitte Dezember losgeht*. An dieser Stelle hören Sie auch, dass Lösung c (*Die Umstellung wird voraussichtlich mehrere Wochen dauern.*) passt, denn von Mitte Dezember bis in den Januar sind es mehrere Wochen. Lösung b (*Die Umstellung wird von einer Sicherheitsfirma ausgeführt.*) passt auch nicht, denn die Firma will *den Sicherheitsdienst* in der Übergangsphase *verstärken*, aber nicht an der Umstellung beteiligen.

Modelltest 1   Hören Teil 4

Wichtig:

- Sie hören fünf Mitteilungen von Personen, die ein Anliegen oder eine Bitte haben.
- Sie lesen zu jeder Nachricht eine Multiple-Choice-Aufgabe.
- Sie hören die Nachrichten nur einmal.
- Für jede richtige Lösung gibt es 3 Punkte, insgesamt also maximal 15 Punkte.

So könnte das Aufgabenblatt aussehen:

Hören Teil 4

Sie hören fünf telefonische Mitteilungen. Zu jeder Mitteilung gibt es eine Aufgabe. Welche Lösung (a, b oder c) passt am besten?

Markieren Sie Ihre Lösungen für die Aufgaben 36–40 auf dem Antwortbogen.

*Sie hören jede Mitteilung **einmal**.*

 36 Ava Schneider
   a   braucht ein behindertengerechtes Büro.
   b   empfängt heute Geschäftspartner.
   c   interessiert sich für den Preis des Büroraums.

 37 Herr Wanner
   a   möchte sich zu einer anderen Zeit treffen.
   b   sucht Personal für eine Filiale.
   c   will einen Termin bestätigen.

38 Franziska
   a   bittet Anna, ein Geschenk zu kaufen.
   b   kauft eine teure Kaffeemaschine.
   c   schlägt vor, mehr Geld zu sammeln.

39 Amir möchte, dass die Angestellten
   a   die Speisekarte neu schreiben.
   b   die Umkleideräume putzen.
   c   ihn über Mängel informieren.

40 Haneen
   a   braucht einen USB-Stick.
   b   hat die Tischkarten noch nicht gedruckt.
   c   hat Probleme mit der Technik.

Modelltest 1 Hören Teil 4

So geht's:

1 Sie bekommen vor der ersten Nachricht keine Lesezeit. Lesen Sie deshalb während der Ansage am Anfang schon so viel wie möglich von den Aufgaben. Überlegen Sie dabei, worin genau das Anliegen oder die Bitte der Person besteht, und unterstreichen Sie die entsprechenden Schlüsselwörter. Für Aufgabe 36 sind das:

36 Ava Schneider
    a braucht ein behindertengerechtes Büro.
    b empfängt heute Geschäftspartner.
    c interessiert sich für den Preis des Büroraums.

2 Sie hören etwas zu allen drei Lösungen, eine Lösung passt am besten. Hier hören Sie zuerst: *Ich interessiere mich für den Büroraum … Sie schreiben, dass es Tiefgaragenplätze gibt. Kosten die extra?* – Lösung c (*Frau Schneider interessiert sich für den Preis des Büroraums.*) passt nicht am besten, weil Frau Schneider hier nur nach dem Preis der Tiefgaragenplätze fragt. Sie hören gleich im Anschluss: *… muss ich auch wissen, ob das Gebäude barrierefrei* (= behindertengerecht) *ist. Ich bin Rollstuhlfahrerin und brauche ein Büro, das für mich gut zugänglich ist.* Das entspricht Lösung a (*Ava Schneider braucht ein behindertengerechtes Büro.*) Lösung b (*Ava Schneider empfängt heute Geschäftspartner.*) passt nicht, denn Sie hören: *Könnte mein Geschäftspartner sich den Raum heute noch ansehen?* Das bedeutet nicht, dass Ava Schneider selbst heute Geschäftspartner empfängt. Markieren Sie a als Lösung für Aufgabe 36 auf dem Antwortbogen.

3 Lesen Sie in der kurzen Pause zwischen den Mitteilungen die nächste Aufgabe und unterstreichen Sie Schlüsselwörter. Vergleichen Sie dann, welche Lösung mit dem übereinstimmt, was die Person tatsächlich sagt. Notieren Sie Ihre Lösung auf dem Aufgabenblatt, oder, wenn Sie sich ganz sicher sind, markieren Sie sie direkt auf dem Antwortbogen.

4 Lösen Sie jetzt die Aufgaben 37–40 (Track 8). In der Prüfung müssen Sie Ihre Lösung auf dem Antwortbogen markieren. Zum Üben können Sie Ihre Lösungen Sie hier markieren:

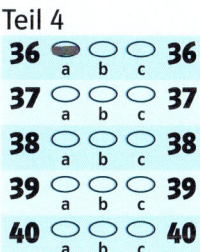

Modelltest 1   Hören Teil 4

Sind Ihre Lösungen richtig?

37 a *Herr Wanner möchte sich zu einer anderen Zeit treffen.*
Sie hören zuerst, dass Herr Wanner *um halb drei einen Termin zu* einer *Mitarbeiterin in der Filiale in Cotta* hat. Hier werden die Wörter *Mitarbeiterin* und *Filiale* genannt, aber Lösung b (*Herr Wanner sucht Personal für eine Filiale.*) passt nicht, denn es geht nicht um Personalsuche.
Lösung a (*Herr Wanner möchte sich zu einer anderen Zeit treffen.*) passt, denn im Folgenden hören Sie Herrn Wanner sagen: *Mir ist jetzt leider etwas Dringendes dazwischen gekommen, das dauert so bis ungefähr 16 Uhr, 16 Uhr 30. Könnten wir uns vielleicht danach noch besprechen?*
Lösung c (*Herr Wanner will einen Termin bestätigen.*) passt daher auch nicht, denn Herr Wanner will den Termin ja verschieben.

38 b Lösung b (*Franziska kauft eine teure Kaffeemaschine.*) passt, denn sie sagt: *… wollte die Kaffeemaschine holen, die wir für Vanessa und Metin als Hochzeitsgeschenk ausgesucht hatten, …*
… wir müssten eine andere nehmen. … kostet 30 Euro mehr. … dann reicht es aber nicht mehr für diesen Milchaufschäumer … so viel Geld haben wir nicht gesammelt. Ja, komm, ich mach das jetzt so, … (= Ich kaufe die Maschine jetzt, obwohl sie teuer ist).
Lösung a (*Franziska bittet Anna, ein Geschenk zu kaufen.*) passt nicht, denn Franziska ruft Anna nur an, um ihr zu sagen, dass sie selbst gerade das Geschenk kaufen will. Fast am Ende hören Sie: *Dann reicht es aber nicht mehr für diesen Milchaufschäumer, der wie eine Kuh aussieht, den du so gern dazu kaufen wolltest* – das ist aber keine Bitte, ein Geschenk zu kaufen, sondern das Gegenteil.
Lösung c (*Franziska schlägt vor, mehr Geld zu sammeln.*) passt auch nicht, denn Franziska sagt: *… ich mach das jetzt so, sonst müssten wir alle nochmal um ein paar Euro bitten …* Sie will also nicht noch mehr Geld sammeln.

39 c Sie hören zuerst, was die Hygienekontrolle ergeben hat: *In der Herrenumkleide war Staub auf den Umkleideschränken und im Damenumkleidebereich war der Fußboden zu schmutzig.* Amir sagt nicht, dass jetzt jemand putzen soll, deshalb passt Lösung b (*Amir möchte, dass die Angestellten die Umkleideräume putzen.*) nicht. Amir fährt fort: *Wenn euch da in Zukunft was auffällt, sagt mir bitte gleich Bescheid*. Lösung c (*Amir möchte, dass die Angestellten, ihn über Mängel informieren.*) passt dazu. Lösung a (*Amir möchte, dass die Angestellten die Speisekarte neu schreiben.*) passt nicht, denn Amir sagt: *Was aber negativ auffiel, war die fehlende Kennzeichnung mancher Zusatzstoffe auf der Speisekarte. Das korrigiere ich gleich* (= er schreibt die Karte neu) *und einer von euch bringt die Datei dann bitte in den Copy-Shop.*

40 b Haneen sagt zu Suzi: *Den Sitzplan habe ich, aber nicht die Tischkarten. Kannst du die bitte ausdrucken?*
Lösung b (*Haneen hat die Tischkarten noch nicht gedruckt.*) passt also. Danach hören Sie: *der USB-Stick mit den Vorlagen ist irgendwo auf meinem Schreibtisch oder steckt im PC*, aber Lösung b (*Haneen braucht den USB-Stick.*) passt nicht, denn Suzi braucht den Stick zum Ausdrucken der Tischkarten, nicht Haneen. Lösung c (*Haneen hat Probleme mit der Technik.*) passt nicht, weil sie zwar *das Mikrofon … austauschen* musste, *jetzt … aber alles o.k.* ist (= es gibt keine Probleme mehr mit der Technik.).

Modelltest 1 Hören und Schreiben

 Der Teil Hören und Schreiben dauert ca. 5 Minuten und schließt direkt an Hören Teil 4 an.

Wichtig:

- Sie hören eine Mitteilung zu einem Angebot, einer Bestellung bzw. Buchung oder einer Beschwerde.
- Die Mitteilung enthält immer verschiedene Informationen und die Bitte, etwas zu erledigen.
- Sie lösen eine Multiple-Choice-Aufgabe (41) und schreiben eine Telefonnotiz (42–45).
- Sie hören die Mitteilung nur einmal.
- Für Aufgabe 41 gibt es 3 Punkte, für Aufgabe 42–45 6 Punkte, insgesamt also maximal 9 Punkte.

So könnte das Aufgabenblatt aussehen:

 9

Hören und Schreiben

Sie hören eine telefonische Mitteilung. Informieren Sie Ihre Kollegin. Notieren Sie die Informationen auf dem Antwortbogen.

*Sie hören die Mitteilung **einmal**.*

41 Grund für den Anruf
Wählen Sie die richtige Lösung (a, b oder c). Markieren Sie auf dem Antwortbogen.

a Angebot
b Bestellung/Buchung
c Beschwerde

42–45 Notizen schreiben

Schreiben Sie Name, Telefonnummer, weitere Informationen und tragen Sie im Feld „zu erledigen" ein, was zu erledigen ist.

Hinweis: Für den Teil Hören und Schreiben gibt es einen eigenen Antwortbogen. Schlagen Sie in der Prüfung die richtige Seite auf und markieren Sie Ihre Antworten bzw. schreiben Sie Ihre Notizen direkt auf den Antwortbogen.
Zum Üben dieser Aufgabe können Sie Ihre Lösung auf dem Antwortbogen auf der nächsten Seite markieren bzw. dort notieren.

Modelltest 1 Hören und Schreiben

So geht's:

1 Sie haben nach der Ansage 30 Sekunden Zeit, um sich den Antwortbogen anzusehen, dann fängt die Mitteilung an. Achten Sie für Aufgabe 41 beim Hören auf Ausdrücke, die zu einem Angebot, einer Bestellung/ Buchung oder einer Beschwerde passen. Manchmal können Sie den Grund für den Anruf aber auch erst klar erkennen, wenn Sie die Mitteilung ganz gehört haben.

2 Notieren Sie die Informationen für die Aufgaben 42–45 direkt auf dem Antwortbogen. Es ist möglich, dass Sie die Informationen in der Mitteilung nicht in der Reihenfolge der Aufgaben hören, eventuell hören Sie die Telefonnummer erst am Schluss oder was zu erledigen schon ist schon gleich am Anfang. Notieren Sie den Namen (Aufgabe 42) am besten erst dann, wenn er buchstabiert wird.

3 Lassen Sie sich bei Aufgabe 44 „Weitere Informationen" nicht von der Anzahl der vorgegebenen Gliederungspunkte irritieren. Sie müssen nicht alles, was gesagt wird, notieren, sondern nur die wichtigsten Informationen. Sie schreiben die Notizen für eine Kollegin, die sie verstehen muss.

▷ 9 **4** Hören Sie jetzt die Mitteilung und markieren und notieren Sie Ihre Lösungen für die Aufgaben 41–45 an der richtigen Stelle auf dem Antwortbogen.

Hören und Schreiben

Telefonnotiz

41 Grund für den Anruf
- a ○ Angebot
- b ○ Bestellung/Buchung
- c ○ Beschwerde

42 Namen
Frau/Herr _____
Firma _____

43 Kontakt
Telefon _____

44 Weitere Informationen
-
-
-
-
-

45 Zu erledigen
-

Modelltest 1   Hören und Schreiben

Sind Ihre Lösungen richtig?

Hören und Schreiben

Telefonnotiz

41	Grund für den Anruf	a	○	Angebot
		b	●	Bestellung/Buchung
		c	○	Beschwerde

Herr Sudmeyer von der Fleischerei Müller macht den Kunden zwar auf ein *Angebot aufmerksam*, aber es geht hier um eine Bestellung: Der Kunde hat *Würste bestellt*, dazu hat Herr Sudmeyer Fragen.

42 Namen
- Frau/Herr: *Sudmeyer*
- Firma: *Müller*

43 Kontakt
- Telefon: *0761 924503*

44 Weitere Informationen
- *Würste f. Betriebsfest: dick/dünn?, normal/scharf?*
- *Angebot: Grillsauce, 1 Flasche 5 €, 2 für 8 €?*
- *wann liefern?*

45 Zu erledigen
- *bis 17 Uhr telefonisch Bescheid sagen*

Modelltest 1 Sprachbausteine Teil 1

 Für Sprachbausteine Teil 1 und Teil 2 sowie den Teil Schreiben haben Sie insgesamt 35 Minuten Zeit. Sie können entscheiden, in welcher Reihenfolge Sie die Teile bearbeiten. Planen Sie ca. 7 Minuten für Sprachbausteine Teil 1 ein.

Wichtig:

- Sie lesen eine E-Mail, z.B. eine Nachfrage zu einer Bewerbung, mit sechs Lücken. Darunter lesen Sie 10 Wörter.
- Sie lösen sechs Zuordnungs-Aufgaben: In jede Lücke passt nur ein Wort, vier Wörter bleiben übrig.
- Für jede richtige Lösung gibt es 0,5 Punkte, insgesamt also maximal 3 Punkte.

So könnte das Aufgabenblatt aussehen:

Sprachbausteine Teil 1

Lesen Sie den folgenden Text. Welche Wörter a–j passen am besten in die Lücken 46–51? Sie können jedes Wort im Kasten nur einmal verwenden. Nicht alle Wörter passen in den Text.
Markieren Sie Ihre Lösungen auf dem Antwortbogen.

Betreff: Meine Bewerbung am 25.06. auf der Job-Messe

Sehr geehrter Herr Radebrecht,

im Juni hatte ich mich Ihnen auf der Job-Messe in Dresden persönlich vorgestellt und Ihnen __46__ auch meine Bewerbungsunterlagen gegeben. Nach einem intensiven Gespräch über die Tätigkeiten als Social-Media-Manager, haben Sie mir angeboten, meine Unterlagen an Ihre Marketingleiterin weiterzuleiten, __47__ ich mich sehr gefreut habe.

Leider habe ich __48__ nichts mehr von Ihrem Unternehmen gehört und bin nun unsicher, ob die Unterlagen vielleicht verlorengegangen sind. __49__ melde ich mich schriftlich bei Ihnen und hänge meine Bewerbungsunterlagen zur Sicherheit noch einmal an.

Für Ihr Unternehmen habe ich schon einige Ideen, __50__ Sie Ihr Online-Kundenmagazin noch interessanter machen können und mehr junge Menschen über soziale Medien erreichen. Gerne führe ich diese in einem persönlichen Gespräch aus.

__51__ ich zurzeit in keinem Beschäftigungsverhältnis stehe, bin ich zeitlich flexibel.

Vielen Dank im Voraus und mit freundlichen Grüßen

Kevin Murr

a	DA	e	OB	i	WORAUF
b	DABEI	f	SEITDEM	j	WORÜBER
c	DESHALB	g	WANN		
d	MITTLERWEILE	h	WIE		

Modelltest 1   Sprachbausteine Teil 1

So geht's:

1 Lesen Sie den Text bis zum ersten Lückensatz, vielleicht fällt Ihnen gleich ein Wort ein, das in die Lücke passen könnte. Lesen Sie dann die Wörter im Kasten und wählen Sie das Wort aus, das den Satz von der Bedeutung und Grammatik her sinnvoll ergänzt.

im Juni hatte ich mich Ihnen auf der Job-Messe in Dresden persönlich vorgestellt und Ihnen __46__ auch meine Bewerbungsunterlagen gegeben.

2 Lücke 46 ist mitten in einem Hauptsatz, der auch ohne dieses Wort komplett ist. Hier fehlt vielleicht ein Wort, das beschreibt, wann, wo oder wie die Person die Bewerbungsunterlagen gegeben hat, also ein Adverb. Im Kasten lesen Sie die Wörter *DA* und *DABEI*. Lesen Sie den Satz mit dem Wort, das vielleicht passt: *im Juni hatte ich mich Ihnen auf der Job-Messe in Dresden persönlich vorgestellt und Ihnen <u>dabei</u> auch meine Bewerbungsunterlagen gegeben.* Das Pronominaladverb *dabei* ist die Lösung, denn es ist ein Synonym für „bei dieser Gelegenheit / bei diesem Treffen". Die Lösung für Aufgabe 46 ist also b.

3 Wenn Sie sicher sind, dass Sie die richtige Lösung gefunden haben, schreiben Sie den Buchstaben neben die Zahl in der Lücke und streichen unten im Kasten das entsprechende Wort durch – es kann nicht mehr die Lösung für eine andere Aufgabe sein.
Wenn Sie sich nicht zwischen zwei Wörtern entscheiden können, notieren Sie beide über der Lücke. Vielleicht passt eins der Wörter dann besser in eine andere Lücke und macht Ihnen die Lösung leichter.
Wenn Sie für eine Lücke nicht gleich die Lösung finden, notieren Sie in der Lücke ein Fragezeichen und machen mit der nächsten Lücke weiter. Wenn Sie am Ende noch Zeit haben, können Sie noch einmal versuchen, die Lücken mit den Fragezeichen zu lösen.

4 Gehen Sie dann weiter so vor: Den Lückensatz immer bis zum Ende lesen, sich für das passende Wort aus dem Kasten entscheiden und die Lösung notieren.
Wenn Sie die Sprachbausteine zuerst bearbeiten, lassen Sie sich nicht zu viel Zeit. Markieren Sie Ihre Lösungen auf dem Antwortbogen und beginnen Sie rechtzeitig mit dem Teil Schreiben.

5 Lösen Sie jetzt die Aufgaben 47–51. In der Prüfung müssen Sie Ihre Lösungen auf dem Antwortbogen markieren, Sprachbausteine Teil 1 und Teil 2 sind auf derselben Seite wie Hören. Zum Üben können Sie Ihre Lösungen für die Aufgaben 47–51 hier markieren:

Sprachbausteine

Teil 1

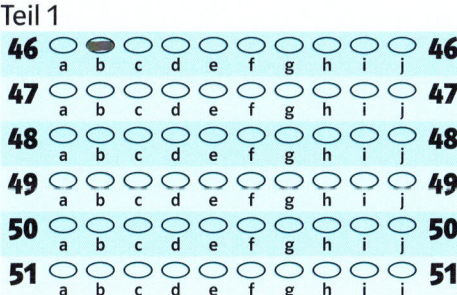

45

Modelltest 1 Sprachbausteine Teil 1

Sind Ihre Lösungen richtig?

47 j worüber: *… haben Sie mir angeboten, meine Unterlagen an Ihre Marketingleiterin weiterzuleiten, 47 ich mich sehr gefreut habe.*
In der Lücke fehlt ein Wort, das Sätze logisch verbindet. Der Satz mit der Lücke ist im Perfekt, *gefreut … habe*. Zum Verb *sich freuen* passt die Präposition *über* oder *auf*. Im Kasten lesen Sie *worauf* oder *worüber*. Die Lösung ist *worüber*, weil das, worüber sich der Bewerber gefreut hat, schon stattgefunden hat, *freuen auf* benutzt man für etwas, das erst noch stattfinden wird.

48 f seitdem: *Leider habe ich 48 nichts mehr von Ihrem Unternehmen gehört …*
Der Satz mit der Lücke bezieht sich logisch auf den Satz davor. In der Lücke fehlt eine Zeitangabe. *Seitdem* weist auf einen Zeitpunkt und ein Ereignis, das vorher stattgefunden hat: seitdem (= seit dem Gespräch auf der Messe) habe ich nichts mehr von Ihnen gehört.

49 c deshalb: *… und bin nun unsicher, ob die Unterlagen vielleicht verlorengegangen sind. 49 melde ich mich schriftlich bei Ihnen und …*
Die Lücke steht am Anfang von einem HS, verbindet aber mit dem Satz davor und leitet eine Folge ein: Der Bewerber ist unsicher, deshalb schickt er seine Unterlagen noch einmal.

50 h wie: *Für Ihr Unternehmen habe ich schon einige Ideen, 50 Sie Ihr Online-Kundenmagazin noch interessanter machen können und …*
Die Lücke steht am Anfang von einem indirekten Fragesatz und verbindet mit dem Satz davor. Auf welche Art/Weise (= *wie*) kann man das Online-Kundenmagazin noch bekannter machen?

51 a da: *51 ich zurzeit in keinem Beschäftigungsverhältnis stehe, bin ich zeitlich flexibel.*
Lücke 51 ist am Anfang von einem ein Nebensatz, in dem der Bewerber begründet, warum er zeitlich flexibel ist – der Konnektor *da* passt. Wenn Sie *da* als mögliche Lösung für Lücke 46 notiert hatten, wird jetzt klar, dass *da* in Lücke 51 besser passt.

Modelltest 1   Sprachbausteine Teil 2

 Planen Sie ca. 7 Minuten für Sprachbausteine Teil 2 ein.

Wichtig:

- Sie bekommen einen Lückentext und sechs Multiple-Choice-Aufgaben.
- Der Text ist z.B. eine Nachfrage, ein Angebot oder ein anderes Schreiben aus dem beruflichen Alltag.
- Zu jeder Lücke gibt die Multiple Choice-Aufgabe drei Ausdrücke zur Auswahl. Sie müssen den Ausdruck auswählen, der die Lücke sinnvoll ergänzt.
- Für jede richtige Lösung gibt es 0,5 Punkte, insgesamt also maximal 3 Punkte.

So könnte das Aufgabenblatt aussehen:

Sprachbausteine Teil 2

Lesen Sie den folgenden Text. Welcher Ausdruck (a, b oder c) passt am besten in die Lücken 52–57? Markieren Sie Ihre Lösungen auf dem Antwortbogen.

Anfrage

Sehr geehrte Frau Peters,

wir sind der führende Anbieter von Online-Lehrprogrammen für Schulen und Bildungsträger im Schwarzwald. Auf der diesjährigen Target Computer-Messe sind wir auf __52__ im Bereich Multimedia aufmerksam geworden: den PC VXL aus der Serie IIP.

Bitte schicken Sie uns __53__ der Kosten über eine Abnahme von 12 PCs inklusive der Lieferung an unsere Niederlassung in Furtwangen. Geben Sie uns bitte außerdem Ihre Lieferzeit, Gewährleistung und Zahlungsbedingungen an.

Da wir weitere Geräte für unseren Firmensitz in Bad Boll benötigen, würden wir Ihnen bei guten Konditionen gerne auch __54__ erteilen. Können Sie uns daher schon heute mitteilen, __55__ Sie Rabatte anbieten?

Alle noch offenen Fragen __56__ kann Ihnen unsere Geschäftsführerin Frau Dr. Weser gerne beantworten.

Wir freuen uns auf __57__ bis zum 02. Februar 20…

Mit freundlichen Grüßen

Waldemar Traun

52 a Ihr aktuelles Angebot
   b Ihr großes Interesse
   c Ihre neuesten Angaben

53 a den offenen Betrag
   b die vereinbarte Summe
   c eine detaillierte Aufstellung

54 a einen Dauerauftrag
   b einen Erstauftrag
   c diesen Folgeauftrag

55 a mit welcher Absicht
   b unter welchen Bedingungen
   c zu welchen Zwecken

56 a bezüglich unserer Anfrage
   b zu dieser Bestellung
   c über unsere Lieferung

57 a eine gute Zusammenarbeit
   b eine schnelle Lösung
   c Ihr unverbindliches Angebot

Modelltest 1   Sprachbausteine Teil 2

So geht's:

1 Lesen Sie zuerst die Überschrift: Um was für ein Schreiben aus dem beruflichen Alltag handelt es sich? Das ist wichtig, denn in Sprachbausteine Teil 2 geht es um typische Ausdrücke in diesen Textsorten. Hier ist es eine Anfrage von einem Unternehmen (Kunde) an ein anderes Unternehmen (Anbieter).

2 Lesen Sie den Text einmal schnell durch, um einen Überblick zu bekommen.

3 Lesen Sie dann den Text Satz für Satz genau und überlegen Sie bei jeder Lücke, welcher Ausdruck a, b oder c diese Lücke am besten ergänzt. Die Ausdrücke sind an sich richtig, aber nur einer passt in den Kontext und ergänzt den Satz sinnvoll.

4 In diesem Text will eine Firma von einem Anbieter PCs kaufen, die sie auf einer Messe gesehen hat. Im Satz mit der Lücke 52 passt deshalb Ausdruck a (*Auf der Messe … sind wir auf Ihr aktuelles Angebot im Bereich Multimedia aufmerksam geworden: den PC …*). Ausdruck b (*Auf der Messe sind wir auf Ihr großes Interesse im Bereich Multimedia aufmerksam geworden: den PC …*) ergibt in der Lücke keinen Sinn. Der Schreiber der Anfrage hat *großes Interesse* am PC, nicht der Anbieter. Ausdruck c (*… sind wir auf Ihre neuesten Angaben im Bereich Multimedia aufmerksam geworden: den PC …*) passt auch sprachlich nicht, denn nach der Lücke steht *im* und nach *neuesten Angaben* müsste *zu* stehen. Notieren Sie a als Lösung für Aufgabe 52.

5 Wenn Sie für eine Lücke nicht gleich die Lösung finden, notieren Sie ein Fragezeichen und machen mit der nächsten Lücke weiter. Wenn Sie am Ende noch Zeit haben, können Sie noch einmal versuchen, die Lücken mit den Fragezeichen zu lösen. Markieren Sie auf jeden Fall eine Lösung auf dem Antwortbogen.

6 Wenn Sie die Sprachbausteine zuerst bearbeiten, lassen Sie sich nicht zu viel Zeit. Beginnen Sie rechtzeitig mit dem Teil Schreiben.

7 Lösen Sie jetzt die Aufgaben 53–57. Markieren Sie Ihre Lösungen in der Prüfung am besten direkt nach jedem Teil auf dem Antwortbogen. Zum Üben können Sie Ihre Lösungen hier markieren:

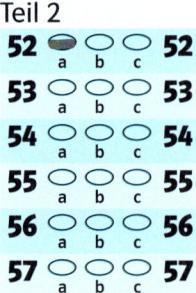

Modelltest 1 Sprachbausteine Teil 2

Sind Ihre Lösungen richtig?

53 c *Bitte schicken Sie uns eine detaillierte Aufstellung der Kosten über eine Abnahme von 12 PCs inklusive der Lieferung an unsere Niederlassung in Furtwangen.*
Ausdruck a passt nicht, denn wenn es noch keine Bestellung gegeben hat, gibt es noch keinen *offenen Betrag*.
Ausdruck b passt auch nicht, denn ohne Bestellung existiert auch keine *vereinbarte Summe*.
Ausdruck c ergänzt die Lücke sinnvoll: Den Kunden interessiert *eine detaillierte Aufstellung der Kosten*, also was wie viel kosten wird, bevor er bestellt.

54 c *Da wir weitere Geräte für unseren Firmensitz in Bad Boll benötigen, würden wir Ihnen bei guten Konditionen gerne auch diesen Folgeauftrag erteilen.*
Ausdruck a passt nicht, denn ein *Dauerauftrag* ist ein regelmäßiger Auftrag zu einem Geldtransfer, eine Überweisung bei der Bank.
Ausdruck b passt auch nicht, denn der *Erstauftrag* ist der erste Auftrag, den die Firma erteilen würde, und Sie haben gelesen, dass die Firma zuerst PCs für ihre Niederlassung in Furtwangen bestellen möchte. Daher ist Ausdruck c die Lösung, die Bestellung weiterer PCs für die Niederlassung in Bad Boll wäre dann *dieser Folgeauftrag*, also eine weiterer Auftrag, der auf die erste Bestellung folgt.

55 b *Können Sie uns daher schon heute mitteilen, unter welchen Bedingungen Sie Rabatte anbieten?*
In keiner Anfrage fragt man, *mit welcher Absicht* ein Anbieter Rabatte anbietet. Mit welcher Absicht ein Anbieter Rabatte gibt, ist klar: Durch Rabatte sollen mehr Produkte verkauft werden. Ausdruck a passt daher nicht. Ausdruck c passt aus dem gleichen Grund nicht: Kunden wissen, *zu welchen Zwecken* ein Rabatt angeboten wird. Ausdruck b ist die Lösung, denn den Kunden interessiert, *unter welchen Bedingungen*, also z. B. bei welcher Bestellmenge, ein Rabatt angeboten wird.

56 a *Alle noch offenen Fragen bezüglich unserer Anfrage kann Ihnen unsere Geschäftsführerin Frau Dr. Weser gerne beantworten.*
Ausdruck a passt, denn *alle noch offenen Fragen* beziehen sich (= *bezüglich*) auf die Anfrage.
Ausdruck b passt nicht, weil das Schreiben eine Anfrage und noch keine Bestellung ist, es also keine *offenen Fragen zu dieser Bestellung* geben kann. Ausdruck c (*über unserer Lieferung*) passt auch nicht, denn die Firma will, wenn überhaupt, PCs vom Anbieter bestellen, aber nicht dem Anbieter liefern.

57 c *Wir freuen uns auf Ihr unverbindliches Angebot bis zum 02. Februar 20…*
Worauf freut sich der Kunde? Ausdruck a passt nicht, denn *auf eine gute Zusammenarbeit* freuen sich Geschäftspartner erst, wenn sicher ist, dass man zusammenarbeiten wird – das ist in einer Anfrage noch nicht passiert. Ausdruck b passt auch nicht, denn da es kein Problem gab, kann sich auch niemand über *eine schnelle Lösung* freuen. Ausdruck c passt, denn auf eine Anfrage folgt *ein unverbindliches Angebot* und darauf freut sich der anfragende Kunde.

Modelltest 1   Schreiben

 Planen Sie für den Teil Schreiben mindestens 20 Minuten ein.

Wichtig:

- Sie sollen einen Beitrag für das Forum Ihrer Firma schreiben.
- Sie bekommen zwei Themen zur Auswahl.
- Für den Teil *Schreiben* bekommen Sie maximal 14 Punkte dafür, wie Sie die Aufgabe umsetzen. Außerdem wird Ihr Forumsbeitrag zusammen mit Ihrer E-Mail im Teil *Lesen und Schreiben* nach verschiedenen weiteren Kriterien bewertet (siehe S. 8).

So könnte das Aufgabenblatt aussehen:

Schreiben

58 *Wählen Sie eines der folgenden Themen.*

In Ihrer Firma können sich alle Mitarbeiterinnen und Mitarbeiter in einem Forum miteinander austauschen. Schreiben Sie einen Forumsbeitrag zu Thema A oder B.

Begründen Sie Ihre Meinung und nennen Sie passende Beispiele. Gliedern Sie Ihren Text in sinnvolle Abschnitte.

> **Thema A: „Rückenfreundliche Bürostühle"**
>
> Für alle Mitarbeiterinnen und Mitarbeiter in Ihrer Firma sollen rückenfreundliche Bürostühle angeschafft werden. Die Hälfte der Anschaffungskosten sollen Sie selbst bezahlen.

oder

> **Thema B: „Mitarbeit im Firmengarten"**
>
> Alle Mitarbeiterinnen und Mitarbeiter in Ihrer Firma sollen die Möglichkeit haben, in einem Firmengarten Pause machen zu können. Die Firmenleitung schlägt vor, dass Sie in Ihrer Freizeit beim Anlegen und Pflegen des Gartens mithelfen.

Hinweis:
Auf dem Aufgabenblatt gibt es Platz für Notizen. Hier können Sie Ihre Ideen notieren – schreiben Sie Ihren Forumsbeitrag aber am besten direkt auf den Antwortbogen.

Platz für Notizen:

Modelltest 1   Schreiben

So geht's:

1 Lesen Sie die beiden Themen und entscheiden Sie sich schnell entweder für Thema A oder für Thema B.

2 Überlegen Sie: Welche Meinung haben Sie zu dem Thema? Sind Sie dafür oder dagegen oder unentschlossen? Und warum? Notieren Sie Ihre Ideen und passende Beispiele, die Ihre Meinung belegen. Für Thema B könnten Notizen z. B. so aussehen:

Platz für Notizen:
Idee super: Pausen im Firmengarten
Mitarbeit gut, viele lieben Gartenarbeit
+ Gartenhaus vorschlagen (Wetter)
nicht alle wollen, Mitarbeit muss freiwillig sein
Firmengarten teuer! Firma gibt Geld für uns aus

3 Schreiben Sie am Anfang Ihres Forumsbeitrags einen Einleitungssatz und nennen Sie das Thema. Sie müssen in Ihrem Beitrag nicht alle möglichen Vor- und Nachteile abwägen, sondern Ihre Meinung zum Thema klar darstellen und begründen. Denken Sie daran, dass Sie an Ihre Kolleginnen und Kollegen schreiben und auch Vorgesetzte Beiträge in einem Forum lesen. Ihr Beitrag muss also angemessen sein.

4 Verbinden Sie Ihre Sätze und Ideen durch passende Konnektoren und andere Strukturen und machen Sie nach jeder neuen Idee oder einem neuen Argument einen Absatz. Achten Sie auf die Rechtschreibung und die passenden Satzzeichen.

5 Schreiben Sie jetzt einen Forumsbeitrag zu Thema A oder Thema B. In der Prüfung müssen Sie Ihren Beitrag auf den Antwortbogen schreiben. Zum Üben können Sie Ihren Beitrag hier schreiben:

58 Schreiben

Modelltest 1   Schreiben

Sind Ihre Lösungen richtig?

So könnte ein Forumsbeitrag zu **Thema A** aussehen:

> Liebe Kolleginnen und Kollegen,
>
> habt ihr schon gehört, dass die Firma rückenfreundliche Bürostühle anschaffen will und wir die Hälfte der Anschaffungskosten selbst bezahlen sollen?
>
> Einerseits ist das eine gute Idee, weil wir alle viel zu viel sitzen und gute Stühle wichtig sind. Viele von uns klagen über Rückenschmerzen, weil wir uns nicht genug bewegen. Ein besserer Stuhl könnte gegen solche Rückenschmerzen helfen. Außerdem zeigt uns unser Arbeitgeber mit diesem Angebot, dass wir und unsere Gesundheit wichtig sind.
>
> Andererseits sind diese Stühle aber sehr teuer und unser Anteil daran wäre dann immer noch sehr hoch. Gegen so ein Angebot spricht auch, dass nicht alle Mitarbeiter Rückenproblemen haben, warum sollten sie also Geld für solche Stühle ausgeben?
>
> Meiner Meinung nach wäre es daher vielleicht eine gute Idee, wenn die Anschaffung freiwillig wäre und nur die Mitarbeitenden einen rückenfreundlichen Bürostuhl kaufen, die wirklich einen brauchen.
>
> Ich bin gespannt, eure Meinung zu dem Thema zu lesen.
>
> Salomon

So könnte ein Forumsbeitrag zu **Thema B** aussehen:

> Liebe Kolleginnen und Kollegen,
>
> die Idee einen Firmengarten anzulegen, finde ich super. Wenn der Garten fertig ist, können wir dort zusammen Pause machen.
>
> Der Vorschlag der Firma, dass wir alle dabei mitarbeiten, ist einerseits gut, denn viele von uns lieben Gartenarbeit. Außerdem könnten wir bei der Planung des Gartens mitbestimmen und zum Beispiel ein Gartenhaus vorschlagen, damit wir bei jedem Wetter im Garten sitzen können.
>
> Andererseits ist das Anlegen und die Pflege so eines Gartens auch viel Arbeit, die wir in unserer Freizeit erledigen sollen. Dabei werden nicht alle von uns mitmachen können oder wollen. Deshalb sollte die Mitarbeit freiwillig sein.
>
> So ein Firmengarten ist etwas Besonderes und ich finde es sehr gut, dass unser Arbeitgeber dazu bereit ist, für uns Geld auszugeben. Ich bin für den Firmengarten und freue mich schon sehr auf die Gartenarbeit im Team!
> Und ihr?
>
> Eure Genia

Modelltest 1   Sprechen Teil 1

 Der Teil Sprechen dauert insgesamt ca. 16 Minuten.
In Sprechen Teil 1 dauert Teil 1A ca. 2 Minuten pro Teilnehmer/in (TN), Teil 1B ca. 2 Minuten pro TN und Teil 1C ca. ½ Minute pro TN.

Wichtig:

- Sie haben direkt vor der mündlichen Prüfung keine Vorbereitungszeit.
- Sie bekommen zwei Themen zur Auswahl: In Teil 1A sprechen Sie über ein Thema, in Teil 1B stellt Ihnen die Prüferin / der Prüfer Fragen dazu, in Teil 1C muss Ihre Partnerin / Ihr Partner einen Aspekt Ihrer Antworten von Teil 1B erläutern.
- Es wird bewertet, wie Sie die Aufgabe bewältigen. Dafür bekommen Sie für Teil 1A und Teil 1B jeweils maximal 5 Punkte und für Teil 1C maximal 2 Punkte.
- Achten Sie auch auf Ihre Aussprache, die Korrektheit, einen abwechslungsreichen Wortschatz sowie verschiedene grammatische Strukturen, denn dafür bekommen Sie auch Punkte (siehe S. 8).

So könnte das Aufgabenblatt aussehen:

Teilnehmer/in A

Teil 1A Über ein Thema sprechen (ca. 2 Minuten pro TN)

Wählen Sie ein Thema aus und sprechen Sie ca. zwei Minuten darüber. Zeigen Sie, was Sie können.

Beschreiben Sie die **Ereignisse und Erfahrungen**, die Ihre **Berufswahl** beeinflusst haben
(z. B. Stationen, wichtige Personen, Motivation, Folgen).

oder

Beschreiben Sie **einen Arbeitgeber**, für den Sie gearbeitet haben oder arbeiten möchten
(z. B. Branche, Produkte und Dienstleistungen, Abteilungen und ihre Aufgaben, Besonderheiten).

Teilnehmer/in B

Teil 1A Über ein Thema sprechen (ca. 2 Minuten pro TN)

Wählen Sie ein Thema aus und sprechen Sie ca. zwei Minuten darüber. Zeigen Sie, was Sie können.

Beschreiben Sie, worauf es bei einem **Bewerbungsgespräch** ankommt. Sprechen Sie über
ein Land Ihrer Wahl (z. B. Berufsfeld, Vorbereitung, Kleidung, typische Fragen).

oder

Sie möchten sich **selbstständig** machen. Beschreiben Sie Ihre **Geschäftsidee**
(z. B. welches Produkt/welche Dienstleistung, Besonderheiten, Zielgruppe).

53

Modelltest 1   Sprechen Teil 1

Teil 1B Prüferfragen (ca. 2 Minuten pro TN)

Im Anschluss an Ihre Ausführungen stellt Ihnen die Prüferin bzw. der Prüfer Fragen. Während Sie sprechen, macht sich Ihre Gesprächspartnerin bzw. Ihr Gesprächspartner Notizen.

Teil 1C Erläuterung eines Aspekts (ca. ½ Minute pro TN)

Die zweite Prüferin/der zweite Prüfer bittet Ihre Gesprächspartnerin bzw. Ihren Gesprächspartner, einen Aspekt aus Ihren Antworten zu erläutern. Zum Beispiel mit diesen Worten: „TN A/B hat über … gesprochen. Das habe ich leider nicht ganz verstanden. Können Sie mir das noch einmal erläutern?"

So geht's:

Teil 1A (für TN A)
1 Bevor Sie in der Prüfung das Thema auswählen, fordert Sie die Prüferin / der Prüfer auf, sich kurz vorzustellen. Diese Vorstellung wird nicht bewertet.

2 Danach wählt Teilnehmer/in A ein Thema aus und beginnt. Ganz wichtig: In der Prüfung müssen Sie unbedingt frei sprechen, lernen Sie also nichts auswendig!

Teil 1B (für TN A) (TN B macht Notizen)
3 Nachdem Sie über Ihr Thema gesprochen haben, stellt Ihnen die Prüferin / der Prüfer Fragen dazu. Antworten Sie ausführlich darauf. Versuchen Sie, so klar wie möglich zu sprechen – denn Ihre Prüfungspartnerin / Ihr Prüfungspartner muss sich Notizen zu Ihren Antworten machen.

Teil 1C (für TN B)
4 Wenn TN A mit Teil 1B fertig ist, bittet die Prüferin / der Prüfer TN B einen Aspekt der Antworten von TN A aus Teil 1B zu erläutern. Wichtig ist hier, dass Sie in eigenen Worten erläutern, was die / der andere TN gesagt hat bzw. was Sie davon verstanden haben.

Teil 1A (für TN B)
5 Im Anschluss daran bekommt TN B zwei Themen zur Auswahl und spricht über eins davon.

Teil 1B (für TN B) (TN A macht Notizen)
6 TN B beantwortet Fragen der Prüferin / des Prüfers zu dem Thema. TN A macht sich Notizen.

Teil 1C (für TN A)
7 Die Prüferin / Der Prüfer bittet TN A einen Aspekt der Antworten von TN B aus Teil 1B zu erläutern.

So könnte Sprechen Teil 1 ablaufen:

▷ 10   Hören Sie ein Beispiel.

Modelltest 1   Sprechen Teil 2

 Sprechen Teil 2 dauert ca. 3 Minuten für beide TN zusammen.

Wichtig:

- Sie bekommen ein Aufgabenblatt mit zwei Fragen und sollen zusammen ein Gespräch führen wie Kollegen in der Pause.
- Es wird bewertet, wie Sie die Aufgabe bewältigen. Dafür bekommen Sie maximal 8 Punkte.
- Achten Sie auch auf Ihre Aussprache, die Korrektheit, einen abwechslungsreichen Wortschatz und verschiedene grammatische Strukturen, denn dafür bekommen Sie auch Punkte (siehe S. 8).

So könnte das Aufgabenblatt aussehen:

Teilnehmerin A und B

Teil 2   **Mit Kolleginnen und Kollegen sprechen** (ca. 3 Minuten)

**Ich würde gerne eine Weiterbildung machen.
Welche hast du schon gemacht?**

1

**Ich möchte gerne mal die Kolleginnen und Kollegen zu mir nach Hause einladen.
Lädst du manchmal Kollegen zur dir ein?**

2

So geht's:

1 Sie bekommen das Aufgabenblatt, dann fordert die Prüferin / der Prüfer eine / einen von Ihnen auf, das Gespräch zu beginnen.

2 Um das Gespräch zu beginnen, können Sie die Frage ablesen, danach sollen Sie aber frei sprechen. Hören Sie zu, was Ihre Partnerin / Ihr Partner sagt, gehen Sie darauf ein, fragen Sie nach und führen Sie ein richtiges Gespräch. Sprechen Sie beide ungefähr gleich viel.

So könnte Sprechen Teil 2 ablaufen:

 11 Hören Sie ein Beispiel.

55

Modelltest 1   Sprechen Teil 3

 Sprechen Teil 3 dauert ca. 4 Minuten für beide TN zusammen.

So könnte das Aufgabenblatt aussehen:

Teil 3 **Lösungswege diskutieren** (ca. 4 Minuten)

Situation
Sie arbeiten in einem Kindergarten. Eltern haben sich mehrmals über eine Kollegin beschwert, die nicht immer freundlich oder oft ungeduldig mit den Kindern ist.

Aufgabe
Überlegen Sie zusammen mit Ihrer Gesprächspartnerin oder Ihrem Gesprächspartner, wie Sie in dieser Situation angemessen reagieren.

Diese Stichpunkte helfen Ihnen:

Beschwerden: welche? wie oft?
_____

Kollegin: wie ansprechen? was anbieten?
_____

Eltern:
wie ansprechen? was anbieten?
_____

langfristig:
wie in Zukunft vorgehen? wie helfen?
_____

. . . ?

So geht's:

1 Lesen Sie die Situation, die Aufgabe und die Stichwörter kurz durch. Überlegen Sie auch, wo und in welchem Beruf Sie und Ihre Partnerin / Ihr Partner in dieser Situation arbeiten.

2 Einer von Ihnen beginnt das Gespräch. Fassen Sie als Einleitung ganz kurz das Problem zusammen.

3 Besprechen Sie dann gemeinsam, wie Sie das Problem lösen könnten, was zu tun ist, und wer welche Aufgabe übernimmt. Machen Sie Vorschläge, reagieren Sie auf das, was Ihre Partnerin / Ihr Partner sagt und vorschlägt. Zeigen Sie, dass Sie wissen, welche Möglichkeiten zur Problemlösung zur Verfügung stehen – man muss nicht gleich alles vom Vorgesetzten lösen lassen.

4 Achten Sie darauf, dass keiner die/den anderen dominiert: Sprechen Sie beide ungefähr gleich viel.

So könnte Sprechen Teil 3 ablaufen:

 12   Hören Sie ein Beispiel.

Modelltest 2

Modelltest 2   Lesen Teil 1

 Für die Teile Lesen 1 bis Lesen 4 haben Sie insgesamt 45 Minuten Zeit.
Für Lesen Teil 1 sollten Sie maximal 10 Minuten einplanen.

So könnte das Aufgabenblatt aussehen:

Lesen Teil 1

*Sie lesen online in einer Wirtschaftszeitung und möchten Ihren Freunden einige Artikel schicken.
Entscheiden Sie, welcher Artikel a–h zu welcher Person 1–5 passt.*

Markieren Sie Ihre Lösungen auf dem Antwortbogen.

1 Karolina überlegt, sich selbständig zu machen.

2 Lena fragt sich, ob sie ihre Vorgesetzte duzen kann.

3 Andrey hat Probleme mit dem steigenden Arbeitsdruck.

4 Sarah interessiert sich für eine Tätigkeit im Ausland.

5 Lukas möchte Beruf und Familie besser verbinden.

 Um Ihre Lösungen für Lesen Teil 1 bis Teil 4 zu markieren, können Sie den Antwortbogen auf S. 122 nutzen –
ein Antwortbogen ist auch digital verfügbar (siehe Seite 1).

a Es ist alles zu viel!
Ohne Pause durchgearbeitet, noch nichts gegessen und dann muss man auch noch ängstliche Patienten, besorgte Eltern oder unzufriedene Klienten beruhigen. Eine Krankenhausärztin, ein Lehrer und ein Sozialarbeiter berichten über den alltäglichen Wahnsinn und wie sie damit klarkommen.

mehr …

b Kinder oder Arbeit?
Immer mehr Arbeitnehmerinnen und Arbeitnehmer wollen mehr Zeit für ihre Kinder und ihren Partner / ihre Partnerin haben. Doch der Job lässt oft wenig Spielraum, die Arbeitsbelastung ist hoch. Neue Arbeitszeitmodelle helfen dabei, die richtige Balance zu finden.

mehr …

c Siezen oder duzen?
In der Korrespondenz mit Kundinnen und Kunden sollte man genau hinschauen. Ein saloppes Du kommt nicht bei allen Kundinnen und Kunden gut an, auch wenn Sie in einem modernen Start-up arbeiten. Fingerspitzengefühl ist gefragt.

mehr …

d Elternzeit
In Deutschland gibt es viele Förderungen für Familien. Die Elternzeit wird nicht nur von Frauen, sondern zunehmend auch von Männern gerne genutzt. Kinderwagen schieben statt am Computer sitzen: Wir zeigen Ihnen, wie Sie die Elternzeit richtig beantragen.

mehr …

e Das Problem mit der Anrede
In vielen Firmen sprechen sich die Mitarbeitenden mit Vornamen an und duzen sich. Aber kann man das auch mit dem Chef oder der Chefin machen? Das hat Vor- und Nachteile, die neue Mitarbeitende unbedingt beachten sollten.

mehr …

f Ein gutes Konzept ist wichtig
Wer sein eigener Chef werden will, muss sich gut vorbereiten. Man muss sich von Routinen verabschieden und mit finanzieller Unsicherheit leben können. Der Lohn ist ein selbstbestimmtes Arbeitsleben. Der Ratgeber „Der große Schritt" hilft Ihnen, Schwierigkeiten beim Weg in die Selbständigkeit zu meistern.

mehr …

g Das Internationale im Lebenslauf
Madrid, Paris, New York … Viele Mitarbeitende wollen gerne mal für einen bestimmten Zeitraum in einem anderen Land arbeiten. Das ist nicht nur eine sehr wertvolle Berufserfahrung, sondern beeindruckt auch Arbeitgeber. Diese Tipps helfen bei der Suche nach einer geeigneten Stelle.

mehr …

h Ich muss mal raus aus Deutschland!
Der Urlaubsantrag sorgt immer wieder für Konflikte in Unternehmen. Wer darf wann gehen? Viele wollen den Frühbucherrabatt von Auslandsreisen nutzen und den Urlaub möglichst früh beantragen. Wie sieht das arbeitsrechtlich aus?

mehr …

Modelltest 2   Lesen Teil 2

 Achten Sie auf die Zeit: Länger als 10 Minuten sollten Sie für diesen Teil nicht brauchen.

So könnte das Aufgabenblatt aussehen:

Lesen Teil 2

Lesen Sie die Texte und die Aufgaben 6–9. Ist die Aussage dazu richtig oder falsch und welche Antwort (a, b oder c) passt am besten?

Markieren Sie Ihre Lösungen auf dem Antwortbogen.

Text 1

Willkommensmappe für neue Mitarbeiterinnen und Mitarbeiter

Arbeiten im Großraumbüro

In unserem Unternehmen gibt es in der dritten Etage einen großen Raum, in dem mehrere Schreibtische stehen. Jeder Schreibtisch hat ein Telefon und Anschlüsse für mobile digitale Arbeitsgeräte. Eigene Kopfhörer mit Mikrophon für Videokonferenzen mit Kundinnen und Kunden bzw. Kolleginnen und Kollegen können mitgebracht werden, zwei Headsets befinden sich aber auch im Raum.
Der Raum steht Teilzeitkräften ohne eigenes Büro sowie Gästen zur Verfügung. Bitte tragen Sie einen Bedarf möglichst frühzeitig in die digitale Raumliste ein.
Die Schreibtische sind nach drei Seiten durch Stellwände abgetrennt, sodass man auch in einem Großraumbüro konzentriert arbeiten kann. Außerdem gibt es einen extra Tisch, auf dem Unterlagen oder größere Pläne abgelegt werden können. Büromaterialien und Kopierer befinden sich in einem Nebenraum am Eingang des Großraumbüros, dort hängt auch die jeweils aktuelle Raumliste aus.
Bitte räumen Sie am Ende des Arbeitstages alle Unterlagen auf und hinterlassen Sie den Schreibtisch sauber. Getränke sind am Arbeitsplatz erlaubt. Essen dagegen dürfen Sie nur in den Pausenräumen und in der Kantine. Achten Sie bitte darauf, beim Telefonieren oder Kommunizieren per Videokonferenz nicht zu laut zu sprechen.

Pausenräume und Kantine

Eine erholsame Atmosphäre in den Pausen wird bei uns großgeschrieben. Die Kantine verfügt über

Seite 3 von 9

---

6 Im Unternehmen arbeiten die Mitarbeitenden in Großraumbüros.
richtig/falsch?

7 Die Unternehmensleitung bittet darum,
    a Essensreste von den Schreibtischen zu räumen.
    b keine privaten Arbeitsmittel zu nutzen.
    c sich beim Telefonieren leise zu verhalten.

Text 2

Willkommensmappe für neue Mitarbeiterinnen und Mitarbeiter

Freizeitangebote

Wir wollen, dass Sie sich auch in einem großen Betrieb wohlfühlen und fördern gemeinsame Unternehmungen.
Jeden letzten Freitag im Monat treffen sich interessierte Mitarbeitende um 18 Uhr, um ungezwungen zusammen zu sein und miteinander ins Gespräch zu kommen. Treffpunkt ist im Foyer, der Veranstaltungsort wechselt, achten Sie bitte auf den Aushang am Schwarzen Brett. Besonders beliebt ist im Sommer auch der Besuch im Biergarten im Stadtpark.

Dort trifft sich jeden Donnerstag um 17 Uhr eine betriebsinterne Laufgruppe, der Sie sich anschließen können. Die verschiedenen Laufstrecken sind auch für Anfänger geeignet – besonders neu zugezogene Mitarbeitende finden hier schnell Anschluss und lernen die Umgebung kennen.
Wer das attraktive Umland kennenlernen will, kann sich unserer seit fünf Jahren aktiven Wandergruppe anschließen.

Die Unternehmensleitung hat außerdem einen Vertrag mit dem Fitness-Center „Gehrlich" geschlossen. Alle Mitarbeitenden können dort trainieren. Das Unternehmen beteiligt sich an den Kosten.

Kulturell Interessierte sollten auf die Informationen unserer PR-Abteilung achten, über die regelmäßig Eintrittskarten für Oper, Theater, Lesungen, aber auch für Fußballspiele verlost werden.

Sprachen lernen

Geplant sind für das nächste Jahr mehrere Inhouse-Sprachkurse. Neben Englisch soll auch der Besuch

---

8 Im Unternehmen gibt es regelmäßig Aktivitäten nach der Arbeit.
richtig/falsch?

9 Die Mitarbeiterinnen und Mitarbeiter
   a bekommen eine Ermäßigung im Fitnesscenter.
   b besuchen donnerstags gerne den Biergarten.
   c haben Anspruch auf Veranstaltungstickets.

Modelltest 2   Lesen Teil 3

 Auch für diesen Teil sollten Sie nicht länger als 10 Minuten brauchen.

So könnte das Aufgabenblatt aussehen:

Lesen Teil 3

Lesen Sie die Fragen 10–13. Lesen Sie die Texte a–f. Welche Frage passt zu welchem Tipp? Markieren Sie Ihre Lösungen auf dem Antwortbogen.

Für eine Frage gibt es keinen passenden Tipp. Markieren Sie dafür ein x auf dem Antwortbogen.

10 *Lea*
Ich weiß nicht, wie's euch geht, aber mir wachsen Familie und Vollzeitjob allmählich über den Kopf. Wir haben zwei Kinder und wir teilen uns den Haushalt, aber der Job von meinem Mann fordert ihn auch sehr. Zu viele Aufgaben bleiben an mir hängen, sodass ich mich immer häufiger frage, wie ich das alles schaffen soll.

11 *Luciano*
Hallo! In meiner Firma ist flexible Arbeitszeit möglich und ich nutze sie auch gern.
Oft fange ich erst um 10:30 Uhr an, weil es für mich so besser ist. Ich kann dann morgens noch Sport machen und mich um meine gehbehinderte Mutter kümmern. Aber meine Kollegen machen mir jetzt Stress deswegen. Sie wollen die Team-Besprechung (zweimal pro Woche) um 8:30 Uhr abhalten. Kann ich mich dagegen wehren?

12 *Jorges*
Eigentlich gefällt mir meine Arbeit. Sie ist interessant und abwechslungsreich und aufgrund meiner langen Erfahrung kann ich anderen helfen. Mein Chef hat das gemerkt und fragt mich immer öfter, ob ich Überstunden machen oder für jemand einspringen kann. Wie soll ich ihm sagen, dass ich das nicht will?

13 *Kiara*
Kennt ihr das auch? Ich habe total viel Arbeit im Büro, mache viele Überstunden und pendle auch noch eine Stunde zur Arbeit. Manchmal ruft dann am Abend auch noch ein Kunde oder die Chefin auf dem Firmenhandy an. Das geht die ganze Woche so. Ich bin total gestresst, habe oft Kopfschmerzen und kann gar nicht mehr abschalten! Habt ihr einen Tipp für mich?

Tipps zu Work-Life-Balance

Jonas, vor 30 Minuten
So ging es mir auch und irgendwann bin ich davon krank geworden. Lass es nicht dazu kommen. Ein Arbeitgeber hat eine Fürsorgepflicht seinen Mitarbeitern gegenüber. Dazu gehört auch, die Gesundheit zu schützen und für die Einhaltung der Ruhezeiten zu sorgen. Hier findest du noch gute Hinweise dazu: *www.gewerkschaft.org/gesundheit und arbeit*

Lukas, vor 5 Stunden
Die Elternzeit kannst du pro Kind bis zu drei Jahren nehmen – und du kannst sie auch aufteilen! Das gilt übrigens für Mütter und Väter. Keine Angst, dein Arbeitgeber kann dir in dieser Zeit nicht kündigen.

Miriam, vor 3 Stunden
Es ist unfair: Von Frauen erwartet man, dass sie Arbeit und Familie perfekt bewältigen. Was dir helfen könnte, sind flexible Arbeitszeiten. Frag doch deine Chefin, ob du für eine Zeit lang deine Stunden reduzieren kannst. Man hat einen Anspruch auf Teilzeitarbeit. Das gilt natürlich auch für Männer. ☺

Johanna, vor 40 Minuten
Man kann nicht ewig Überstunden machen. Irgendwann muss dir dein Arbeitgeber die Möglichkeit geben, deine Überstunden abzubauen oder sie dir auszahlen zu lassen. Wie das bei euch geregelt ist, musst du mal in deinem Arbeitsvertrag nachlesen. Oder sprich auch mal mit dem Betriebsrat.

Clara, vor 2 Stunden
Ein Burnout erkennst du daran, dass sich der Betroffene immer schlechter konzentrieren kann und immer mehr Fehler bei der Arbeit macht. Manche Leute sagen, dass sie nicht einmal mehr in der Freizeit Energie haben. Dein Kollege sollte auf jeden Fall zu einem Arzt gehen.

Tobias, vor 32 Minuten
Mit flexiblen Arbeitszeiten kann man das Privatleben und die Arbeit besser vereinbaren, das ist richtig. Trotzdem muss man aber auch darauf achten, dass die Zusammenarbeit im Team noch funktioniert. Sich gut abzusprechen, ist dabei sehr wichtig, z. B. was die Zeiten für Meetings betrifft. Da musst du auch Kompromisse eingehen.

Modelltest 2 Lesen Teil 4

 Planen Sie für diesen Teil ca. 15 Minuten ein.

So könnte das Aufgabenblatt aussehen:

Lesen Teil 4

Lesen Sie das Protokoll und die Aufgaben 14–18. Welche Antwort (a, b oder c) passt am besten? Markieren Sie Ihre Lösungen auf dem Antwortbogen.

Protokoll
15. März 20XX, 9:00 – 10:30 Uhr
Ort: Konferenzraum 2, Karlingerstraße 15, 75347 Holzhausen

Anwesende:
Christine Belarz (CB, Klinikleiterin), Michael Ahlers (MA, Personalleiter), Ramona Hartmann (RH, Leiterin der Station 3), Tanja Schmied (TS, Verwaltungsleiterin), Andrey Petruk (AP, Pflegeleitung), Thomas Bringhaus (TB, Technik), Dr. Fatma Schüler (FS, Innere Medizin), Aigul Kohrmann (AK, Sekretariat)
Sitzungsleitung: Michael Ahlers
Protokollantin: Aigul Kohrmann

Tagesordnungspunkte
1 Begrüßung und Genehmigung des letzten Protokolls
2 Personelles
3 Renovierung der Station 4
4 Probleme auf der Station 3
5 Erfahrungsbericht mit der neuen Software
6 Sonstiges

TOP 1 Begrüßung und Genehmigung des letzten Protokolls
MA begrüßt Frau Belarz und alle anwesenden Mitarbeitenden zur heutigen Sitzung und entschuldigt sich für die Verspätung durch einen anderen Termin. Das Protokoll vom 2. Februar wird durch Handzeichen ohne Einwände einstimmig angenommen.

TOP 2 Personelles
MA weist darauf hin, dass in der Unfallstation zwei Kolleginnen zum 30. April in Rente gehen und noch kein Ersatz eingestellt wurde. Der generelle Personalmangel in der Pflege wurde laut MA schon oft diskutiert, familienfreundlichere Arbeitszeiten machen die Klinik als Arbeitgeber aber attraktiv. Im Verlauf des nächsten halben Jahres werden vier weitere Mitarbeitende im Pflegedienstbereich eingestellt.

TOP 3 Renovierung der Station 4
FS berichtet vom Stand der Dinge: Mehr als die Hälfte der Zimmer, in denen die Bäder durch den häufigen Gebrauch von Desinfektionsmitteln unansehnlich geworden waren, und die teilweise auch beschädigte Waschbecken und Fliesen hatten, wurden bereits renoviert. Bis Mitte April sollen alle Arbeiten dort abgeschlossen werden. Danach wird der Flur der Station in freundlichen Farben gestrichen. Dafür liegen bereits Angebote von zwei Malerbetrieben vor.

TOP 4 Probleme auf der Station 3
AP und RH bemängeln, dass es auf der Geburtenstation immer wieder Probleme mit jungen Vätern gibt, die manchmal spät abends angetrunken auf die Station kommen, um Mutter und Kind zu besuchen. Das ist natürlich verboten und stört andere Mütter und das Personal. Manche übertreiben es auch mit Blumensträußen, sodass es in einigen Krankenzimmern wie in einer Gärtnerei aussehe. Die Krankenhausregeln müssen klarer kommuniziert werden.

TOP 5 Erfahrungsbericht mit der neuen Software
AK berichtet über ihre Erfahrungen mit der neuen Software für die Aufnahme neuer Patientinnen und Patienten. Sie ist insgesamt zufrieden damit. Nur die Verbindung zur Medikamentendatenbank mache manchmal Probleme. Die Software-Firma ist schon verständigt.

TOP 6 Sonstiges
CB lobt den gelungenen Umbau der Caféteria im Erdgeschoss von Haus 5. Die große Glasfront zur Terrasse lässt viel Licht herein und der Übergang zur Terrasse ist jetzt barrierefrei. Die freundliche Atmosphäre lädt auch das Personal ein, hier die Pausen zu verbringen. CB weist dringend darauf hin, sich hier nicht über vertrauliche Patienteninformationen zu unterhalten.
Kommenden Freitagnachmittag lädt der Personalleiter dort die Auszubildenden anlässlich ihrer bestandenen Prüfung zu Kaffee und Kuchen ein. Die Stationsleitungen sollen das in der Arbeitszeitplanung berücksichtigen.

14 Die heutige Sitzung
  a eröffnete die Klinikleitung.
  b fand am 2. Februar statt.
  c wurde vom Personalleiter geführt.

15 Neues Personal
  a bemängelt familienfeindliche Arbeitszeiten.
  b fängt in den kommenden Monaten an.
  c wurde in der Unfallstation eingestellt.

16 In den Zimmern auf Station 4
  a erfolgen im April noch Malerarbeiten.
  b müssen einige Bäder neu gemacht werden.
  c wird zu viel Desinfektionsmittel benutzt.

17 Auf der Geburtenstation
  a beschweren sich immer mehr Mütter.
  b dürfen in den Zimmern keine Blumen stehen
  c halten sich Besucher nicht an die Regeln.

18 Die Klinikleiterin
  a berichtet über die helle Cafeteria.
  b kritisiert den Umbau der Terrasse.
  c lädt die Stationsleitungen ein.

Modelltest 2 Lesen und Schreiben

 Für diesen Teil haben Sie 20 Minuten Zeit.

So könnte das Aufgabenblatt aussehen:

Lesen und Schreiben

Ihre Teamleitung leitet Ihnen die E-Mail von einem Kunden weiter und bittet Sie zu antworten.

Erhalten: heute 09:25 Uhr
Von: Lisa Gärtner
An: …
Betreff: FW Reklamation Kücheneinbau

Guten Morgen,

gestern habe ich unten stehende E-Mail bekommen. Bitte klären Sie mit den Kollegen, die bei dem Kunden waren, was genau passiert ist. Antworten Sie dann dem Kunden höflich und nennen Sie ruhig die Gründe für den entstandenen Defekt. Schreiben Sie ihm bitte auch, wie wir das Problem lösen können.

Danke schon mal und beste Grüße
Lisa Gärtner

Küchenstudio Gärtner

Gesendet: gestern 16:49 Uhr
Von: Ludwig Raueisen
An: Lisa Gärtner
Betreff: Reklamation Kücheneinbau

Sehr geehrte Frau Gärtner,

am 28. und 29. Juni haben Sie in unserem Gästehaus eine neue Küche eingebaut. Dazu gehörte ein großes Spülbecken aus Keramik und mehrere Einbauschränke darüber.

Mit der zügigen Durchführung der Arbeiten waren wir auch sehr zufrieden. Auch die von Ihnen empfohlene Farbe der Schränke gefällt uns sehr.
Nun mussten wir aber feststellen, dass das Spülbecken an einer Stelle einen Defekt hat. Wir nehmen an, dass einem Ihrer Mitarbeiter beim Einbauen der Schränke etwas Schweres in das Spülbecken gefallen ist, sodass dort ein Kratzer entstanden ist.

Wir verlangen deshalb, dass das Spülbecken entweder repariert oder ausgetauscht wird. Bitte teilen Sie mir bis 4. Juli mit, wie Sie vorgehen, damit wir entsprechend planen können.

Mit freundlichen Grüßen

Ludwig Raueisen

Modelltest 2   Lesen und Schreiben

Welche Lösung (a, b oder c) passt am besten? Markieren Sie auf dem Antwortbogen.

19 Herr Raueisen
  a beschwert sich über ein beschädigtes Produkt.
  b besteht auf dem Austausch der Einbauschränke.
  c war mit der Dauer der Arbeiten unzufrieden.

20 Das Küchenstudio soll
  a die Küche anders planen.
  b eine Lösung vorschlagen.
  c einen Mitarbeiter vorbeischicken.

21 *Schreiben Sie eine E-Mail an den Kunden. Setzen Sie dabei alle Punkte Ihrer Teamleitung um.*

Achten Sie darauf, dass Sie dem Kunden gegenüber eine angemessene Sprache verwenden (Anrede, Höflichkeit, formelle Sprache etc.).

Hinweis: In der Prüfung haben Sie auf dem Aufgabenblatt Platz für Notizen. Bewertet wird aber nur das, was Sie auf den Antwortbogen schreiben.
Ihre Lösungen für die Aufgaben 19 und 20 müssen Sie auf demselben Antwortbogen markieren wie die Lösungen für Lesen Teil 1 bis 4.
Ihre E-Mail schreiben Sie auf einen anderen Antwortbogen.

Platz für Notizen:

Um Ihre Lösungen für die Aufgaben 19 und 20 zu markieren, können Sie den Antwortbogen auf S. 122 nutzen, für Ihre E-Mail den Antwortbogen auf S. 124. Ein Antwortbogen ist auch digital verfügbar (siehe Seite 1).

Modelltest 2 Hören Teil 1

 Der Teil Hören dauert insgesamt ca. 20 Minuten. Sie hören alle Teile hintereinander.

So könnte das Aufgabenblatt aussehen:

Hören Teil 1

Sie hören drei Gespräche. Zu jedem Gespräch gibt es zwei Aufgaben. Ist die Aussage dazu richtig oder falsch und welche Antwort (a, b oder c) passt am besten?
Markieren Sie Ihre Lösungen für die Aufgaben 22–27 auf dem Antwortbogen.

Sie hören die Gespräche einmal.

 13

22 Die Vorgesetzte gibt Jakob Anweisungen für den nächsten Tag.
richtig/falsch?

23 Jakob
 a kann den Schlüssel bei Frau Gröbner abholen.
 b muss die Arbeitsgeräte heute nicht sauber machen.
 c soll mit seinem Kollegen zwei Räume farbig streichen.

24 Die Kundin möchte ein Catering neu bestellen.
richtig/falsch?

25 Für die Firmenfeier soll das Restaurant
 a einige Speisen ohne tierische Produkte machen.
 b einen Kostenvoranschlag schicken.
 c mehr kalte statt warme Platten anbieten.

26 Frau Ahmadi soll die Kollegin der Bärengruppe vertreten.
richtig/falsch?

27 Im Kindergarten
 a bereiten Mitarbeiterinnen Kinder auf die Schule vor.
 b gibt es auch Gruppen für Zweijährige.
 c sind die Mitarbeiterinnen für das Mittagessen zuständig.

 Um Ihre Lösungen für Hören Teil 1 bis Teil 4 zu markieren, können Sie den Antwortbogen auf S. 123 nutzen – ein Antwortbogen ist auch digital verfügbar (siehe Seite 1).

So könnte das Aufgabenblatt aussehen:

Hören Teil 2

*Sie hören vier Gespräche. Welcher der Sätze a–f passt am besten zu welchem Gespräch?
Markieren Sie Ihre Lösungen für die Aufgabe 28–31 auf dem Antwortbogen.*

Lesen Sie jetzt die Sätze a–f. Dazu haben Sie eine Minute Zeit.

*Danach hören Sie die Gespräche **einmal**.*

 14

28 …

29 …

30 …

31 …

a   Arbeitskleidung muss praktisch und nicht schön sein.

b   Arbeitsschutzkleidung ist nicht nur wegen Verletzungen wichtig.

c   Der Arbeitgeber ist für die Gesundheit der Mitarbeitenden verantwortlich.

d   Für die Gesundheit am Arbeitsplatz muss man auch selbst etwas tun.

e   Man muss für die Arbeit nicht immer spezielle Kleidung tragen.

f   Wer nicht auf die eigene Gesundheit achtet, belastet auch das Team.

Modelltest 2   Hören Teil 3

So könnte das Aufgabenblatt aussehen:

Hören Teil 3

Sie hören gleich eine Präsentation. Dazu gibt es vier Aufgaben. Welche Lösung (a, b oder c) passt jeweils am besten? Markieren Sie Ihre Lösungen für die Aufgaben 32–35 auf dem Antwortbogen.
Lesen Sie jetzt die Aufgaben. Dazu haben Sie eine Minute Zeit.

*Danach hören Sie die Präsentation **einmal**.*

▷ 15

E-Mobilität

Beispiel: Wer präsentiert das Projekt?
- a   Der Firmenchef
- b   Ein Experte für E-Mobilität
- c   Ein Mitarbeiter ✓

Warum umstellen?

32   Die Umstellung auf E-Fahrzeuge
- a   ist für diese Firma kostengünstig.
- b   ist langfristig mit hohen Kosten verbunden.
- c   unterstützt das positive Bild der Firma.

Wo umstellen?

33   Die Firma
- a   fängt mit E-Autos für kurze Strecken an.
- b   kauft gleich verschiedene E-Fahrzeuge.
- c   stellt den gesamten Außendienst um.

Lademöglichkeiten

34   Die E-Fahrzeuge
- a   haben Solarzellen zum Laden.
- b   können zu Hause geladen werden.
- c   nutzen vorrangig öffentliche Ladestationen.

Fahrtraining

35   Das Fahrtraining
- a   findet nach der Arbeit statt.
- b   hilft, energiesparend zu fahren.
- c   ist für alle Nutzer verbindlich.

So könnte das Aufgabenblatt aussehen:

Hören Teil 4

*Sie hören fünf telefonische Mitteilungen. Zu jeder Mitteilung gibt es eine Aufgabe.
Welche Lösung (a, b oder c) passt am besten?
Markieren Sie Ihre Lösungen für die Aufgaben 36–40 auf dem Antwortbogen.*

*Sie hören jede Mitteilung **einmal**.*

 16

36 Thomas
    a bittet Ahmed um einen Gefallen.
    b erwartet Ahmed in der Kantine.
    c kommt später in die Werkshalle.

37 Frau Meyer
    a bestellt Druckertoner online.
    b braucht die Adresse des Kunden.
    c reklamiert eine verspätete Lieferung.

38 Manfred Gold
    a benötigt noch die Hotelrechnung.
    b hat Fehler in der Reisekostenabrechnung entdeckt.
    c weist auf ein neues Reisekostenformular hin.

39 Lukas
    a braucht am Mittwochnachmittag einen Leihwagen.
    b kann die Reparaturen bis Dienstag durchführen.
    c muss einen Termin verschieben.

40 Karin bittet ihre Kollegin,
    a an ihrer Stelle zur Jubiläumsfeier zu gehen.
    b für sie eine Aufgabe zu übernehmen.
    c mit dem Restaurant das Menü zu besprechen.

Modelltest 2   Hören und Schreiben

 Der Teil Hören und Schreiben schließt direkt an Hören Teil 4 an und dauert ca. 5 Minuten.

So könnte das Aufgabenblatt aussehen:

Hören und Schreiben

Sie hören eine telefonische Mitteilung. Informieren Sie Ihre Kollegin. Notieren Sie die Informationen auf dem Antwortbogen.

*Sie hören die Mitteilung **einmal**.*

 17 **41 Grund für den Anruf**
Wählen Sie die richtige Lösung (a, b oder c). Markieren Sie auf dem Antwortbogen.

a Angebot
b Bestellung/Buchung
c Beschwerde

42–45 Notizen schreiben

Schreiben Sie Name, Telefonnummer, weitere Informationen und tragen Sie im Feld „zu erledigen" ein, was zu erledigen ist.

Hinweis: Für den Teil Hören und Schreiben gibt es einen eigenen Antwortbogen. Schlagen Sie in der Prüfung die richtige Seite auf und markieren Sie Ihre Antworten bzw. schreiben Sie Ihre Notizen direkt auf den Antwortbogen.

 Um Ihre Lösungen für diese Aufgabe zu markieren und zu notieren, können Sie den Antwortbogen auf S. 125 nutzen – ein Antwortbogen ist auch digital verfügbar (siehe Seite 1).

Modelltest 2   Sprachbausteine Teil 1

 Für Sprachbausteine Teil 1 und Teil 2 sowie Schreiben haben Sie insgesamt 35 Minuten Zeit.
Sie können entscheiden, in welcher Reihenfolge Sie die Teile bearbeiten. Planen Sie ausreichend Zeit für den Teil Schreiben ein!

So könnte das Aufgabenblatt aussehen:

Sprachbausteine Teil 1

Lesen Sie den folgenden Text. Welche Wörter a–j passen am besten in die Lücken 46–51? Sie können jedes Wort im Kasten nur einmal verwenden. Nicht alle Wörter passen in den Text.

Markieren Sie Ihre Lösungen auf dem Antwortbogen.

Betreff: Mein Vorstellungsgespräch am 12. Juni

Sehr geehrte Frau Kiensle,

danke, dass Sie mir am 12. Juni die Chance gegeben haben, mich __46__ bei Ihnen persönlich vorzustellen. Unser Gespräch hat mir gute Einblicke in die Abläufe und das kollegiale Betriebsklima in Ihrem Haus gegeben, __47__ war ich sehr beeindruckt.

__48__ gut hat mir gefallen, dass Sie den Mitarbeitenden genug Zeit geben, auch auf Menschen mit geistigen Einschränkungen angemessen einzugehen.

Ein wenig verunsichert hat mich Ihre Frage __49__, wie ich mir einen guten Umgang mit Seniorinnen und Senioren in Ihrer Einrichtung vorstelle. Aber __50__ bin ich mir sicher, dass ich mit meinen Erfahrungen, die ich in zwei Demenz-WGs gemacht habe, sehr gut in Ihr Team passen würde.

Wie gewünscht möchte ich Ihnen deshalb zurückmelden, dass ich __51__ sehr an der Stelle interessiert bin.

Ich hoffe auf eine positive Rückmeldung und verbleibe

mit freundlichen Grüßen

Karina Nowitzky

a	AUCH	e	DAVON	i	WEITERHIN
b	BESONDERS	f	FOLGLICH	j	ZURZEIT
c	DANACH	g	JETZT		
d	DARÜBER	h	NICHT		

 Um Ihre Lösungen für Sprachbausteine 1 und 2 zu markieren, können Sie den Antwortbogen auf S. 123 nutzen – ein Antwortbogen ist auch digital verfügbar (siehe Seite 1).

Modelltest 2   Sprachbausteine Teil 2

So könnte das Aufgabenblatt aussehen:

Sprachbausteine Teil 2

Lesen Sie den folgenden Text. Welcher Ausdruck (a, b oder c) passt am besten in die Lücken 52–57? Markieren Sie Ihre Lösungen auf dem Antwortbogen.

Ihre Anfrage

Sehr geehrte Frau Gundermann,

vielen Dank für Ihre Anfrage. Gerne schicken wir Ihnen in der Anlage __52__ zu Pflegeprodukten mit einer detaillierten Preisliste zu.

Als Spezialist für __53__ bieten wir Ihnen neben einer Auswahl an hochwertigen Marken auch ein neues Programm an, das Ihnen und Ihren Kund*innen hilft, Termine online __54__. Der Vorteil: Sie müssen für Telefonate seltener Ihre Arbeit unterbrechen und können Ihre Kund*innen im Salon weiter betreuen.

Den Zugang zu diesem Programm möchten wir Ihnen als Neukundin für ein Jahr kostenlos __55__. Danach können Sie mit einer dreimonatigen Kündigungsfrist __56__.

Wir freuen uns auf Ihre Bestellung und hoffen, auch Sie bald zu unseren __57__ zu zählen.

Mit freundlichen Grüßen
Jan Lewandowski

52 a unser aktuelles Angebot
    b unsere ausführliche Beratung
    c unsere umfangreichen Dienstleistungen

53 a berufliche Weiterbildungen
    b fachliche Anforderungen
    c professionellen Bedarf

54 a befristet einzustellen
    b kurzfristig zu berechnen
    c zeitsparend zu vereinbaren

55 a in Auftrag geben
    b in Rechnung stellen
    c zur Verfügung stellen

56 a das Produkt reklamieren
    b ein Abonnement abschließen
    c eine Bestellung aufgeben

57 a guten Geschäftsfreunden
    b neuen Lieferanten
    c zufriedenen Kunden

Modelltest 2   Schreiben

So könnte das Aufgabenblatt aussehen:

Schreiben

58 Wählen Sie eines der folgenden Themen.

In Ihrer Firma können sich alle Mitarbeiterinnen und Mitarbeiter in einem Forum miteinander austauschen. Schreiben Sie einen Forumsbeitrag zu Thema A oder B.

Begründen Sie Ihre Meinung und nennen Sie passende Beispiele. Gliedern Sie Ihren Text in sinnvolle Abschnitte.

Thema A: „Pausenräume sauber machen"

Alle Mitarbeiterinnen und Mitarbeiter in Ihrer Firma sollen abwechselnd „Putzdienst" in den Pausenräumen übernehmen. Die nötigen Materialien werden zur Verfügung gestellt.

---

oder

Thema B: „Interview für die Mitarbeiterzeitung"

Alle Mitarbeiterinnen und Mitarbeiter in Ihrer Firma sollen einander besser kennenlernen und sich für die Rubrik „Ganz privat" in der Mitarbeiterzeitung interviewen lassen. Das Interview kann während der Arbeitszeit stattfinden.

Hinweis:
Auf dem Aufgabenblatt gibt es Platz für Notizen. Hier können Sie Ihre Ideen notieren – schreiben Sie Ihren Forumsbeitrag aber am besten direkt auf den Antwortbogen.

Platz für Notizen:

 Um Ihren Forumsbeitrag zu schreiben, können Sie den Antwortbogen auf S. 126 nutzen – ein Antwortbogen ist auch digital verfügbar (siehe Seite 1).

Modelltest 2   Sprechen Teil 1

 Sprechen Teil 1 bis Teil 3 dauert insgesamt ca. 16 Minuten für beide TN zusammen.
In Sprechen Teil 1 dauert Teil 1A ca. 2 Minuten pro Teilnehmer/in (TN), Teil 1B ca. 2. Minuten pro TN
und Teil 1C ca. ½ Minute pro TN.

So könnte das Aufgabenblatt aussehen:

Teilnehmer/in A

Teil 1A Über ein Thema sprechen (ca. 2 Minuten pro TN)

Wählen Sie ein Thema aus und sprechen Sie ca. zwei Minuten darüber. Zeigen Sie, was Sie können.

Beschreiben Sie, wie Sie sich ein **gutes Arbeitsumfeld** vorstellen (z. B. Jobsicherheit, Lohn/Gehalt, Karrierechancen, Kommunikation in der Firma, Beispiele aus Ihrer Berufserfahrung).

oder

Beschreiben Sie **eine Person** aus Ihrem Umfeld, die für Sie ein **berufliches Vorbild** ist (z. B. Beziehung zu dieser Person, Eigenschaften, Einfluss auf Sie).

Teilnehmer/in B

Teil 1A Über ein Thema sprechen (ca. 2 Minuten pro TN)

Wählen Sie ein Thema aus und sprechen Sie ca. zwei Minuten darüber. Zeigen Sie, was Sie können.

Beschreiben Sie das **Vorgehen bei der Arbeitssuche** für ein Land Ihrer Wahl (z. B. Angebote finden, Erstkontakt, Bewerbungsunterlagen oder -gespräch).

oder

Beschreiben Sie **ein Produkt / eine Dienstleistung** Ihrer Wahl (z. B. Merkmale, Nutzen für Kunden, Vor- und Nachteile, Erfolg).

Teil 1B Prüferfragen (ca. 2 Minuten pro TN)

Im Anschluss an Ihre Ausführungen stellt Ihnen die Prüferin bzw. der Prüfer Fragen. Während Sie sprechen, macht sich Ihre Gesprächspartnerin bzw. Ihr Gesprächspartner Notizen.

Teil 1C Erläuterung eines Aspekts (ca. ½ Minute pro TN)

Die zweite Prüferin/der zweite Prüfer bittet Ihre Gesprächspartnerin bzw. Ihren Gesprächspartner, einen Aspekt aus Ihren Antworten zu erläutern. Zum Beispiel mit diesen Worten: „TN A/B hat über … gesprochen. Das habe ich leider nicht ganz verstanden. Können Sie mir das noch einmal erläutern?"

Modelltest 2   Sprechen Teil 2

 Sprechen Teil 2 dauert ca. 3 Minuten für beide TN zusammen.

So könnte das Aufgabenblatt aussehen:

Teilnehmer/in A und B

Teil 2   **Mit Kolleginnen und Kollegen sprechen** (ca. 3 Minuten)

Seit ich ein Kind habe, merke ich, dass Beruf und Privatleben gar nicht so einfach zu vereinbaren sind.
Welche Erfahrungen hast du damit gemacht?

1

Mit Filmen kann ich mich richtig gut entspannen. Wie entspannst du am besten von der Arbeit?

2

Modelltest 2   Sprechen Teil 3

 Sprechen Teil 3 dauert ca. 4 Minuten für beide TN zusammen.

So könnte das Aufgabenblatt aussehen:

Teil 3   Lösungswege diskutieren (ca. 4 Minuten)

Situation
Sie arbeiten in der Kundenbetreuung eines großen Elektrofachmarkts. In der letzten Zeit beschweren sich immer mehr Kundinnen und Kunden über den schlechten Service.

Aufgabe
Überlegen Sie zusammen mit Ihrer Gesprächspartnerin oder Ihrem Gesprächspartner, wie Sie in dieser Situation angemessen reagieren.

Diese Stichpunkte helfen Ihnen:

Service: wo problematisch?
___

Kundinnen / Kunden:
was anbieten? wie Situation verbessern?
___

Kundenbetreuerinnen/Kundenbetreuer:
wie schulen? wie unterstützen?
___

langfristig:
mehr Personal? andere Maßnahmen?
___

... ?

Hinweis: Denken Sie daran, dass Sie in dieser Aufgabe zusammen klären sollen, was zu tun ist, und wer welche Aufgabe übernimmt.

Modelltest 3

Modelltest 3 Lesen Teil 1

 45 Minuten für Lesen Teil 1 bis 4.

Lesen Teil 1

Sie lesen online in einer Wirtschaftszeitung und möchten Ihren Freunden einige Artikel schicken. Entscheiden Sie, welcher Artikel a–h zu welcher Person 1–5 passt.

Markieren Sie Ihre Lösungen auf dem Antwortbogen.

1. Wanda möchte im Internet Werbung für ihre Firma machen.

2. Kasimir überlegt, seine Arbeitszeit zu reduzieren.

3. Floris interessiert sich für das Netzwerken.

4. Gladis fragt sich, ob sie sich einen Steuerberater nehmen sollte.

5. Stephan hat das Gefühl, ständig überlastet zu sein.

 Um Ihre Lösungen für Lesen Teil 1 bis Teil 4 zu markieren, können Sie den Antwortbogen auf S. 122 nutzen – ein Antwortbogen ist auch digital verfügbar (siehe Seite 1).

Modelltest 3   Lesen Teil 1

a   Mehr Zeit für das Wichtige?
Für die meisten Firmen ist es Pflicht, viele Berufstätige finden es praktisch: professionelle Unterstützung bei der Buchhaltung. Nicht nur sind viele damit überfordert, sondern diese Arbeit hält einen auch davon ab, wichtigere Dinge zu erledigen – oder? Wir zeigen Ihnen anhand von Beispielen, worauf Sie achten müssen und wann es sich rentiert.
mehr …

b   Modernes Marketing
Große Firmen setzen nicht mehr nur auf das Internet, um erfolgreich Marketing zu betreiben. „Die Mischung macht's!", sagt Werner Claussen vom Netzwerk „Modernes Marketing". In einem Interview berichtet er, was genau damit gemeint ist.
mehr …

c   Ein Gesetz, das viele nicht kennen
Vielen ist nicht bewusst, dass es einen gesetzlichen Anspruch auf Teilzeitarbeit gibt. Wenn der bzw. die Angestellte möchte, muss der Arbeitgeber kürzere Arbeitszeiten ermöglichen. Bevor man diesen Wunsch äußert, sollte man sich allerdings über die Konsequenzen für Karriere, Steuern und Rente im Klaren sein. Wir haben eine Checkliste zusammengestellt.
mehr …

d   Im Fokus: Arbeitszeitmodelle
In unserer Reihe zu unterschiedlichen Arbeitszeitmodellen stellen wir Ihnen heute anhand von drei Best-Practice-Beispielen vor, wie unterschiedliche Unternehmen die Gleitzeit in ihrem Betrieb umgesetzt haben. Lesen Sie außerdem, was die Geschäftsführung und Mitarbeitende berichten.
mehr …

e   Alles im Lot?
Wenn Ihnen alles zu viel wird, kann das unterschiedliche Ursachen haben: die Menge der Arbeit, zu schwierige Aufgaben oder in Ihrem Privatleben gibt es Probleme, die Ihnen zu schaffen machen. Was Sie tun können, lesen Sie in einem Gastbeitrag der Psychologin Tamara Feuer.
mehr …

f   Neues aus der Welt der Steuern
Die wenigsten mögen sie, und doch muss sie jeder zahlen: Steuern. Für Unternehmen ist dieser Bereich oft schwer zu durchschauen, deshalb fassen wir alle gesetzlichen Neuregelungen für Betriebe zusammen, die seit unserer letzten Ausgabe in Kraft getreten sind.
mehr …

g   Der Weg zu mehr Kunden
Die Möglichkeiten, Produkte und Dienstleistungen zu bewerben, sind kaum zu überblicken. Gerade in kleineren Firmen sind die Mittel für das Marketing außerdem begrenzt. Hier ist Online-Marketing eine vergleichsweise günstige Möglichkeit, mehr Kunden zu erreichen. Wir zeigen Ihnen wie.
mehr …

h   Vergessen Sie Zertifikate!
In vielen Branchen sind sie wichtiger als ein gutes Zeugnis: gute Kontakte. Das gilt umso mehr in einer internationalen Berufswelt, in der Sie wichtige Kontakte schnell und einfach auch über Kontinente hinweg knüpfen können. Unser Autor Felix Schubert zeigt, worauf es ankommt.
mehr …

Modelltest 3 Lesen Teil 2

Lesen Teil 2

Lesen Sie die Texte und die Aufgaben 6–9. Ist die Aussage dazu richtig oder falsch und welche Antwort (a, b oder c) passt am besten?

Markieren Sie Ihre Lösungen auf dem Antwortbogen.

Text 1

Willkommensmappe für neue Mitarbeiterinnen und Mitarbeiter

Gemeinschaftsküchen

In unserem Betrieb haben wir zwei kleine Gemeinschaftsküchen, die alle Mitarbeitenden nutzen können. Für die Benutzung der Küchen gelten folgende Regeln:

Die Küchen sind mit Geschirrspülautomaten, Kaffeevollautomaten und Wasserkochern ausgestattet, die Küche im 2. OG verfügt auch über eine Mikrowelle. Die Geräte werden von einer externen Firma gewartet, für das Be- und Entladen (Geschirrspüler) bzw. das Nachfüllen von Kaffee, Wasser und Milch (Kaffeevollautomat) sowie das Entkalken der Wasserkocher sind jeweils zwei Mitarbeitende verantwortlich. Wer Küchendienst hat, wird auf Plänen in den Küchen ausgehängt. Die Einteilung erfolgt automatisch in alphabetischer Reihenfolge nach den Nachnamen der Mitarbeitenden und berücksichtigt Urlaubszeiten, soweit sie frühzeitig eingereicht wurden. Wenn Änderungen notwendig sind (Urlaub, Krankheit usw.), bitten wir diese schnellstmöglich an Frau Schubert zu melden, die Änderungen vornehmen kann.

In beiden Küchen stehen Wasserspender für gekühltes Wasser. Das Wasser ist für alle Mitarbeitenden kostenlos. Die Tanks werden täglich einmal am Abend von Herrn Nguyen vom externen Facilitymanagement ausgetauscht. Sollte ein weiterer Austausch nötig sein, wenden sich die Mitarbeitenden des Küchendienstes bitte an Herrn Nguyen.

Seite 6 von 11

6 In beiden Küchen ist eine Kochmöglichkeit vorhanden.
richtig/falsch?

7 Der Küchendienst
 a erfolgt nach einem festen System.
 b ist für die Mitarbeitenden freiwillig.
 c wird von einer Mitarbeiterin eingeteilt.

Text 2

Willkommensmappe für neue Mitarbeiterinnen und Mitarbeiter

Elektronisches Zugangs- und Zeiterfassungssystem

Für den Zugang zu unserem Firmengebäude und die Erfassung der Arbeitszeit wurde Ihnen eine elektronische Karte ausgehändigt, auf der auch Ihre Mitarbeiternummer und Ihr vollständiger Name hinterlegt sind.

Beim Betreten und Verlassen des Firmengebäudes halten Sie Ihre Karte an das elektronische Lesegerät, das neben dem Haupteingang an der Wand befestigt ist. Warten Sie unbedingt das grüne Signal ab, das anzeigt, dass Ihre Karte gelesen und Ihre Zeit automatisch erfasst wurde.

Die Pausenzeiten (siehe Anlage F) sind einzuhalten. Die gesetzlichen Ruhepausen werden vom Erfassungssystem automatisch abgezogen, wenn Sie es versäumen, sich zur Pause ab- und wieder anzumelden. Die Länge der Ruhepausen variiert je nach Arbeitszeit zwischen 30 bis 45 Minuten, Details hierzu finden Sie in Anlage G.
Sind Anpassungen der erfassten Zeit erforderlich (z.B. bei Fehlfunktion des Lesegeräts), wenden Sie sich an Herrn Sangkam (Raum 169, Durchwahl -29).

Sollten Sie Probleme bei der Verwendung haben, wenden Sie sich an das Büro des Officemanagements (Raum 132). Sollte das Büro nicht besetzt sein, erreichen Sie in dringenden Fällen die Assistenz der Geschäftsführung, Frau Schneider, unter der Durchwahl -22.

Seite 8 von 11

---

8 Die elektronische Karte wird auch als Schlüssel verwendet.
richtig/falsch?

9 Die von dem System erfassten Zeiten
   a beinhalten die Ruhepausen.
   b kann man nachträglich ändern lassen.
   c werden am Ladegerät korrigiert.

Modelltest 3 Lesen Teil 3

Lesen Teil 3

Lesen Sie die Fragen 10–13. Lesen Sie die Texte a–f. Welche Frage passt zu welchem Tipp? Markieren Sie Ihre Lösungen auf dem Antwortbogen.

Für eine Frage gibt es keinen passenden Tipp. Markieren Sie dafür ein x auf dem Antwortbogen.

10 *Achim*
Ich bin Aufzugsmonteur, mein Job ist körperlich sehr anstrengend und ich habe Probleme mit den Gelenken. Mein Hausarzt meinte neulich, ich könne nicht mehr Vollzeit arbeiten. Ich brauche aber mein volles Gehalt und habe Angst vor finanziellen Einschränkungen. Mein Arzt brachte dann eine Erwerbsminderungsrente ins Spiel. Wo kann ich mich darüber informieren, weiß das jemand?

11 *Ute*
Ich bin vorhin auf dem Weg von der Arbeit nach Hause mit dem Fahrrad gestürzt. Zum Glück ist außer ein paar Schrammen an den Händen nichts passiert, aber jetzt meinte mein Mann gerade, dass ich das dem Arbeitgeber melden muss, auch wegen möglicher Spätfolgen. Ist das nicht übertrieben? Ich bin in der Probezeit und will keinen Ärger.

12 *Liane*
Ich habe gerade die Stelle gewechselt und in meinem neuen Betrieb findet demnächst ein Ausflug in einen Klettergarten statt. Ich will kein Spielverderber sein, aber klettern ist echt nicht mein Ding und ich mache mir Sorgen, was ist, wenn was passiert? Eine Kollegin meinte, wir wären da auch unfallversichert, weil die Firma das organisiert. Ist das richtig?

13 *Wolfgang*
Letzte Woche bin ich wie so oft aus der Werkstatt gegangen, um eine Zigarette anzuzünden, und dann bin ich draußen ganz blöd gestolpert und habe mir das Handgelenk gebrochen. Heute meinte mein Chef, dass die gesetzliche Unfallversicherung nichts zahlt, weil ich privat draußen war. Stimmt das?! Das würde mich echt schockieren. Ich brauche irgendwann auch eine Reha, das kostet doch alles Geld!

Tipps für Arbeitnehmerinnen und Arbeitnehmer

Heinrich, vor drei Stunden
Das ist tatsächlich nicht einfach, denn auch im Büro hat man mal private Minuten, zum Beispiel in WC-Räumen. Wenn da was passiert, ist das nicht automatisch ein Arbeitsunfall. Schau mal im Internet unter www.arbeitsrecht-aktuell24.eu, da findest du ein Urteil zu dem Fall, den ich gerade erwähnt habe.

Niloofar, vor acht Stunden
Berufskrankheiten können einen schwer treffen. In meiner Firma ist eine Kollegin lange Zeit ausgefallen. Alle dachten, sie hätte Probleme mit der Lunge, weil sie Raucherin ist, aber wegen der Arbeit am Computer hatte sie Rückenprobleme. Sie kann jetzt nur noch 2 Stunden am Tag am Schreibtisch sitzen und unser Chef hat für sie einen höhenverstellbaren Schreibtisch besorgt. Das hilft ihr. Vielleicht ist das auch was für dich?

Chris, vor einem Tag
Ich fürchte, dein Arbeitgeber hat gute Karten. Wege zum Imbiss oder Restaurant in der Mittagspause sind genauso wenig versichert wie deine Raucherpause. Das gehört einfach nicht zur Arbeit und Arbeitszeit. Tut mir leid, dass ich keine bessere Nachricht habe.

Petra, vor einer Stunde
Das ist kein Problem. Du musst nicht von der Adresse losfahren, unter der du gemeldet bis, um versichert zu sein. Als Arbeitsweg gilt auch, wenn du zum Beispiel am Wochenende immer bei deinem Freund oder deinen Eltern bist und dann Freitag nach Feierabend direkt vom Arbeitsort dort hinfährst.

Shakuntala, vor vierzig Minuten
Das kann man so pauschal nicht sagen. Wenn zum Beispiel regelmäßig Sport in der Firma stattfindet, ist das versichert, genauso wie eine Weihnachtsfeier, die veranstaltet wird, um den Zusammenhalt der Belegschaft zu stärken. In deinem Fall ist es fraglich, ob das dem Zusammenhalt dient oder nicht einfach eine gemeinsame Freizeitunternehmung ist. Sprich mal die Vorgesetzten an.

Arkardi, vor zwölf Stunden
Ob dir das wirklich hilft, weiß ich nicht, denn natürlich bekommst du dann nicht so viel Geld wie jetzt durch eine volle Stelle. Aber wenn das, was du hast, eine ankerkannte Berufskrankheit ist, dann hast du schon Anspruch auf Leistungen. Am besten kann dir da die Deutsche Rentenversicherung helfen.

Modelltest 3   Lesen Teil 4

Lesen Teil 4

Lesen Sie das Protokoll und die Aufgaben 14–18. Welche Antwort (a, b oder c) passt am besten? Markieren Sie Ihre Lösungen auf dem Antwortbogen.

Protokoll
15. Juli 20XX, 10:00–11:00 Uhr
Ort: Raum 471, Rostocker Chaussee 10, 17628 Grabenow

Anwesende:
Heide Wessely (HW, Geschäftsführung), Roman Lauf (RL, Assistenz Geschäftsführung), Ottmar Peters (OP, Abteilungsleiter Marketing), Andrea Olms (AO, Abteilungsleiterin IT), Frank Traube (FT, Abteilungsleiter Einkauf), Ingmar Kves (IK, Abteilungsleiter Logistik)
Sitzungsleitung: Heide Wessely
Protokollant: Roman Lauf

Tagesordnungspunkte
1. Begrüßung, Genehmigung des letzten Protokolls
2. Berichte aus den Abteilungen
3. Baumaßnahmen Rostocker Chaussee
4. Stand Homepage
5. Termine
6. Verschiedenes

TOP 1 Begrüßung, Genehmigung des letzten Protokolls
Nach der Begrüßung durch HW wird die Tagesordnung einstimmig beschlossen. OP meldet sich zum Protokoll der letzten Sitzung zu Wort und weist darauf hin, dass unter TOP 5 ein falscher Termin für die Schiffbauermesse steht. Nach Korrektur des Termins erfolgt einstimmig die Abnahme des Protokolls.

TOP 2 Berichte aus den Abteilungen
HW weist auf die Berichte hin, die vorab an alle Teilnehmenden verschickt wurden, und bittet um Fragen oder Anmerkungen. FT greift den Bericht der IT-Abteilung auf. Die Datenbank zur Erfassung der Lagerbestände habe sich seit ihrer Einführung vor einem Jahr bewährt. FT weist auf Probleme beim Log-in hin, die er kürzlich hatte. Diese Probleme seien jetzt zwar gelöst, er bittet aber darum, dies der Vollständigkeit halber in dem Bericht zu ergänzen. AO sagt zu, den Bericht entsprechend zu ändern.

TOP 3 Baumaßnahmen Rostocker Chaussee
IK informiert über die kurzfristig geplante Fahrbahnerneuerung auf der Rostocker Chaussee, die laut Bauamt bereits im August erfolgen soll. Dafür wird es notwendig sein, die Rostocker Chaussee für eine Fahrbahn zu sperren und eine Ampel für Wechselverkehr einzurichten. Wie lange die Sperrung dauert, ist noch nicht bekannt. Das bedeute logistische Herausforderungen, so IK: Es werde aufgrund der Sperrung zu längeren Fahrzeiten bei An- und Auslieferungen kommen und es stelle sich die Frage, ob die Zufahrt während der Baumaßnahmen auch für große Fahrzeuge möglich sein wird. IK soll sich umgehend mit dem Bauamt in Verbindung setzen, um diese Punkte zu klären. Ein Bericht darüber soll zur Information für alle ins Intranet gestellt werden.

TOP 4 Stand Homepage
Wie auf der letzten Sitzung beschlossen, hat AO Angebote eingeholt und im Vorfeld dieser Sitzung drei Angebote präsentiert, die in die engere Auswahl kommen. Alle Firmen haben Erfahrung darin, einen Webshop für Großkunden auf einer Homepage zu integrieren, was die zentrale Neuerung bei uns sein wird. AO hält die zuverlässige Abwicklung der Arbeiten dabei für wichtiger, als nur auf die Kosten zu achten. OP stimmt zu und weist darauf hin, dass bereits zahlreiche Kunden angefragt haben, wann es bei uns die Möglichkeit des Online-Einkaufs geben wird. Das Thema sei für die Kunden entscheidend, so OP, und wir sollten dies schnell und qualitativ hochwertig umsetzen lassen. Unter Berücksichtigung dieser Aspekte wird einstimmig beschlossen, der Firma Sasuki Systems den Zuschlag zu erteilen.

TOP 5 Termine
Im kommenden Januar unternehmen FT und OP eine Geschäftsreise nach Busan (Südkorea), um dort eine Schiffswerft zu besichtigen, die an einer Zusammenarbeit interessiert ist.

TOP 6 Verschiedenes
HW berichtet von einer Anfrage, im kommenden Jahr einen Tag der Berufsorientierung für Schülerinnen und Schüler durchzuführen. Sie halte dies für interessant und werde auf der nächsten Sitzung genauer darüber informieren.

14 Das Protokoll
   a führt heute ein Abteilungsleiter.
   b wird nach Änderung genehmigt.
   c wird um einen TOP erweitert.

15 Der Bericht der IT-Abteilung
   a beschreibt Schwierigkeiten.
   b soll korrigiert werden.
   c wird in der Sitzung verteilt.

16 Die Fahrbahnerneuerung vor dem Firmengelände
   a bereite der Logistik Probleme.
   b betrifft die Firma kaum.
   c dauert nicht mehr lange.

17 Die Homepage der Firma
   a ist von vielen Kunden kritisiert worden.
   b kostet der Marketingleitung zu viel.
   c wird um einen wichtigen Bereich erweitert.

18 Im nächsten Jahr
   a besuchen Mitarbeiter eine andere Firma.
   b kommen Gäste zu Besuch.
   c kooperiert der Betrieb mit einer Schule.

Modelltest 3   Lesen und Schreiben

 20 Minuten

Lesen und Schreiben

Ihre Teamleitung leitet Ihnen die E-Mail von einer Kundin weiter und bittet Sie zu antworten.

Erhalten: gestern 17:57 Uhr
Von: Bernd Hauser
An: …

Betreff: FW Unsere Schulungen in Ihrem Tagungshaus

Hallo,
die unten stehende Mail habe ich gerade bekommen. Bitte kümmern Sie sich darum und antworten Sie der Kundin höflich. Die Firma ist seit vielen Jahren unser Kunde und das soll auch so bleiben.
Sie können der Kundin ruhig schreiben, warum es bei uns diese Probleme gab. Ganz wichtig: Bitte schreiben Sie der Kundin auch, wie wir so etwas in Zukunft vermeiden wollen.

Danke und beste Grüße

Bernd Hauser
Teamleiter

Gesendet: gestern 17:44 Uhr
Von: Anke Steffens
An: Bernd Hauser

Betreff: Unsere Schulungen in Ihrem Tagungshaus

Sehr geehrter Herr Hauser,

wie Sie wissen, führen wir unsere Mitarbeiterschulungen und Fortbildungen in Ihrem Tagungshaus durch. Bislang waren wir mit dem Service vor Ort (Ausstattung der Räume, Sauberkeit, Verpflegung etc.) immer sehr zufrieden.

Leider haben einige Mitarbeitende berichtet, dass es in letzter Zeit nicht reibungslos lief.
Eine Fortbildung vor zwei Wochen wurde kurzfristig und ohne Rückfrage in einen anderen Raum verlegt, dort hatte die Trainerin dann keinen Beamer, obwohl das so abgesprochen war, und für das Whiteboard fehlten die Stifte. Zum Glück hatte die Trainerin Stifte dabei, aber der Beamer musste erst gebracht und angeschlossen werden, sodass Zeit verlorenging.
Für eine Mitarbeiterschulung am letzten Samstag hatten wir eine Suppe und Salate als Mittagsimbiss bestellt, aber nur einige Kekse bekommen. Das war natürlich alles nicht gut!

Bitte sorgen Sie wieder für die gewohnte Qualität, sonst werden wir uns nach anderen Schulungsräumen umsehen müssen.

Mit freundlichen Grüßen
Anke Steffens

Modelltest 3 Lesen und Schreiben

Lesen und Schreiben

Welche Lösung (a, b oder c) passt am besten? Markieren Sie auf dem Antwortbogen.

19 Frau Steffens
  a beschwert sich über die Raumgröße.
  b ist mit der Trainerin unzufrieden.
  c nennt organisatorische Mängel.

20 Das Problem
  a beschränkt sich auf Wochenenden.
  b gibt es an unterschiedlichen Wochentagen.
  c trat erstmals letzte Woche auf.

21 *Schreiben Sie eine E-Mail an die Kundin. Setzen Sie dabei alle Punkte Ihrer Teamleitung um.*

Achten Sie darauf, dass Sie der Kundin gegenüber eine angemessene Sprache verwenden (Anrede, Höflichkeit, formelle Sprache etc.)

Um Ihre Lösungen für die Aufgaben 19 und 20 zu markieren, können Sie den Antwortbogen auf S. 122 nutzen, für Ihre E-Mail den Antwortbogen auf S. 124 – ein Antwortbogen ist auch digital verfügbar (siehe Seite 1).

Platz für Notizen:

Modelltest 3 Hören Teil 1

 Ca. 20 Minuten für Hören Teil 1 bis 4.

Hören Teil 1

Sie hören drei Gespräche. Zu jedem Gespräch gibt es zwei Aufgaben. Ist die Aussage dazu richtig oder falsch und welche Antwort (a, b oder c) passt am besten?
Markieren Sie Ihre Lösungen für die Aufgaben 22–27 auf dem Antwortbogen.

*Sie hören die Gespräche **einmal**.*

 18

22 Die Firma Glasklar GmbH will ihre Räume über einen Makler verkaufen.
richtig/falsch?

23 Die Räume im Gewerbepark Ost
   a können in Zukunft noch vergrößert werden.
   b sind nicht für eine Küchenzeile geeignet.
   c verfügen über eine separate Umkleide.

24 Ein Programm auf den Computern läuft schlecht.
richtig/falsch?

25 In Olafs Abteilung
   a fängt morgen ein neuer Mitarbeiter an.
   b ist jeden Mittwoch eine Besprechung.
   c wird eine Fortbildung stattfinden.

26 Susanne und Rainer führen ein Bewerbungsgespräch.
richtig/falsch?

27 In der Betreuung
   a gibt es Aushänge mit den Speiseplänen.
   b haben fast alle Kinder ein Handy.
   c kümmern sich die Kinder selbst um ihr Geschirr.

 Um Ihre Lösungen für Hören Teil 1 bis Teil 4 zu markieren, können Sie den Antwortbogen auf S. 123 nutzen – ein Antwortbogen ist auch digital verfügbar (siehe Seite 1).

Modelltest 3 Hören Teil 2

Hören Teil 2

Sie hören vier Gespräche. Welcher der Sätze a–f passt am besten zu welchem Gespräch? Markieren Sie Ihre Lösungen für die Aufgaben 28–31 auf dem Antwortbogen.

Lesen Sie jetzt die Sätze a–f. Dazu haben Sie eine Minute Zeit.

*Danach hören Sie das Gespräch **einmal**.*

 19

28 …

29 …

30 …

31 …

a Feste Arbeitszeiten sorgen für Verlässlichkeit bei den Arbeitsabläufen.

b Früh mit der Arbeit zu beginnen, hat mehr Vor- als Nachteile.

c Mit Gleitzeit kann man Beruf und Privatleben besser vereinbaren.

d Wenn man abends arbeiten muss, ist man nicht immer konzentriert.

e Wer in Schicht arbeitet, bringt seinen Biorhythmus völlig durcheinander.

f Wochenendarbeit wirkt sich negativ auf das Familienleben aus.

Modelltest 3   Hören Teil 3

Hören Teil 3

Sie hören gleich eine Präsentation. Dazu gibt es vier Aufgaben. Welche Lösung (a, b oder c) passt jeweils am besten? Markieren Sie Ihre Lösungen für die Aufgaben 32–35 auf dem Antwortbogen.
Lesen Sie jetzt die Aufgaben. Dazu haben Sie eine Minute Zeit.

Danach hören Sie die Präsentation **einmal**.

 20

Büroräume

Beispiel: Worum geht es in der Präsentation?
a   Den Umzug der Firma
b   Eine neue Aufteilung in der Firma ✓
c   Renovierungsarbeiten

Änderungen

32   Das Team der Kundenberater
a   benötigt mehr Ruhe.
b   macht jetzt mehr Besuche.
c   wird sich verkleinern.

Verkaufsteam

33   Die Mitarbeiter im Verkauf
a   bekommen eine neue Leitung.
b   wechseln in den vierten Stock.
c   ziehen in ein Großraumbüro.

Lager

34   Das Lager
a   kommt vorläufig in ein anderes Gebäude.
b   soll es zukünftig nicht mehr geben.
c   wird im ersten Stock eingerichtet.

Personelles

35   In Zukunft
a   arbeitet Frau Robins im Verkauf.
b   gibt es einen neuen Hausmeister.
c   übernimmt Frau Teslin eine Abteilung.

Hören Teil 4

*Sie hören fünf telefonische Mitteilungen. Zu jeder Mitteilung gibt es eine Aufgabe.
Welche Lösung (a, b oder c) passt am besten?
Markieren Sie Ihre Lösungen für die Aufgaben 36–40 auf dem Antwortbogen.*

*Sie hören jede Mitteilung **einmal**.*

36 Ulf
  a bittet um einen Rückruf nach 16 Uhr.
  b braucht ein bestimmtes Werkzeug.
  c möchte heute früher Feierabend machen.

37 Frau Hertel
  a benötigt noch eine Betriebsanleitung.
  b hat wieder die falschen Waren bekommen.
  c möchte gerne etwas nachbestellen.

38 Lotte
  a fragt ihre Kollegen nach einer Adresse.
  b kauft ihrem Chef ein anderes Geschenk.
  c will über die Betriebsferien im Geschäft reden.

39 Paul
  a muss die Besprechung auf 8:30 Uhr verschieben.
  b schlägt vor, dass Susanne ihn vertritt.
  c wird morgen erst später in die Firma kommen.

40 Fred möchte, dass
  a die Chefin ihm schnell eine Datei schickt.
  b ihn ein Kollege aus der IT-Abteilung anruft.
  c Luisa ihm erklärt, wie man Dateien verkleinert.

Modelltest 3   Hören und Schreiben

 Ca. 5 Minuten, der Teil schließt direkt an Hören Teil 4 an.

Hören und Schreiben

Sie hören eine telefonische Mitteilung. Informieren Sie Ihre Kollegin. Notieren Sie die Informationen auf dem Antwortbogen.

*Sie hören die Mitteilung **einmal**.*

 41 Grund für den Anruf
Wählen Sie die richtige Lösung (a, b oder c). Markieren Sie auf dem Antwortbogen.

a   Angebot
b   Bestellung/Buchung
c   Beschwerde

42–45 Notizen schreiben

Schreiben Sie Name, Telefonnummer, weitere Informationen und tragen Sie im Feld „zu erledigen" ein, was zu erledigen ist.

 Um Ihre Lösungen für diese Aufgabe zu markieren und zu notieren, können Sie den Antwortbogen auf S. 125 nutzen – ein Antwortbogen ist auch digital verfügbar (siehe Seite 1).

Modelltest 3 Sprachbausteine Teil 1

 35 Minuten für Sprachbausteine 1 und 2 sowie Schreiben.

Sprachbausteine Teil 1

Lesen Sie den folgenden Text. Welche Wörter a–j passen am besten in die Lücken 46–51?
Sie können jedes Wort im Kasten nur einmal verwenden. Nicht alle Wörter passen in den Text.

Markieren Sie Ihre Lösungen auf dem Antwortbogen.

Betreff: Unser Gespräch am 19.9.

Sehr geehrte Frau Peters,

zunächst noch einmal herzlichen Dank für das angenehme Vorstellungsgespräch in Ihrem Unternehmen.

Es hat mich sehr gefreut, Sie und Ihren Kollegen Herrn Schubert kennenzulernen.
Besonders interessant waren die Einblicke __46__ die Pläne für die Expansion. Ich würde mich sehr freuen, __47__ ich Ihr Unternehmen zukünftig unterstützen könnte.
Wie Sie wissen, bin ich derzeit __48__ in einem ungekündigten Arbeitsverhältnis und reise ab Montag kurzfristig beruflich ins Ausland. __49__ werde ich telefonisch nicht gut erreichbar sein. Ich wollte Sie nur kurz __50__ informieren, da Sie sich ja in den nächsten zwei Wochen wieder bei mir melden wollten.
Ich bin nach wie vor sehr an der Stelle interessiert und ab übernächster Woche auch wieder in Deutschland. Natürlich können Sie mich __51__ aber immer per E-Mail erreichen.

Ich freue mich darauf, wieder von Ihnen zu hören!

Mit freundlichen Grüßen
Sabrina Sturm

a	DA	e	FÜR	i	WENN
b	DAHER	f	IN	j	ZWISCHENZEITLICH
c	DARÜBER	g	NOCH		
d	DAZWISCHEN	h	SCHON		

 Um Ihre Lösungen für Sprachbausteine 1 und 2 zu markieren, können Sie den Antwortbogen auf S. 123 nutzen – ein Antwortbogen ist auch digital verfügbar (siehe Seite 1).

Modelltest 3 Sprachbausteine Teil 2

Sprachbausteine Teil 2

Lesen Sie den folgenden Text. Welcher Ausdruck (a, b oder c) passt am besten in die Lücken 52–57? Markieren Sie Ihre Lösungen auf dem Antwortbogen.

Ihre Anfrage

Sehr geehrter Herr Obers,

wir bedanken uns für Ihr Interesse an __52__ !

Gerne erstellen wir ein Angebot für die Lieferung und den Einbau von 25 Fenstern in Ihrem Bürogebäude. Allerdings benötigen wir __53__ weitere Informationen.

Bitte teilen Sie uns mit, ob Sie auch Jalousien außen für die Fenster wünschen und falls ja, für wie viele der Fenster.
Sie hatten in Ihrer Anfrage geschrieben, dass die Fensterrahmen weiß sein sollen. Haben Sie auch __54__ (Metall oder Kunststoff) oder möchten Sie ein Angebot für beide Varianten?

Die Fenster wird unser Mitarbeiter Herr Zumwinkel dann vor Ort ausmessen und sich zur Terminvereinbarung direkt mit Ihnen __55__ .

Sollten Sie in der Zwischenzeit __56__ , können Sie sich selbstverständlich gerne an mich wenden.

Ich freue mich auf __57__ !

Mit freundlichen Grüßen

Ilona Jacob
- Kuhl GmbH, Fenster & Wintergärten -

52 a Ihren Angeboten
   b unseren Produkten
   c unserer Bestellung

53 a davor auch
   b vorerst schon
   c zunächst noch

54 a ein bevorzugtes Material
   b eine andere Ware
   c einen weiteren Bedarf

55 a im Gespräch bleiben
   b in Verbindung setzen
   c in Kontakt kommen

56 a dringende Anrufe erhalten
   b neue Hinweise geben
   c weitere Fragen haben

57 a Ihre zeitnahe Rückmeldung
   b Ihren ausführlichen Bericht
   c unseren längeren Termin

Modelltest 3 Schreiben

Schreiben

58 Wählen Sie eines der folgenden Themen.

In Ihrer Firma können sich alle Mitarbeiterinnen und Mitarbeiter in einem Forum miteinander austauschen. Schreiben Sie einen Forumsbeitrag zu Thema A oder B.

Begründen Sie Ihre Meinung und nennen Sie passende Beispiele. Gliedern Sie Ihren Text in sinnvolle Abschnitte.

Thema A: „Arbeiten bei hohen Temperaturen"

Alle Mitarbeiterinnen und Mitarbeiter in Ihrer Firma sollen im Sommer gut arbeiten können, deshalb wird demnächst in allen Büroräumen eine Klimaanlage eingebaut. Dafür soll es dann kein kostenloses Mineralwasser mehr geben.

oder

Thema B: „Fitnessraum im Betrieb"

Für alle Mitarbeiterinnen und Mitarbeiter in Ihrer Firma soll ein Fitnessraum mit Geräten eingerichtet werden. Für den Zutritt sollen sie eine monatliche Gebühr zahlen.

Schreiben Sie direkt auf den Antwortbogen.

Platz für Notizen:

 Um Ihren Forumsbeitrag zu schreiben, können Sie den Antwortbogen auf S. 126 nutzen – ein Antwortbogen ist auch digital verfügbar (siehe Seite 1).

Modelltest 3   Sprechen Teil 1

 Ca. 16 Minuten für Teil 1 bis 3 für beide TN zusammen.

Teilnehmer/in A

Teil 1A Über ein Thema sprechen (ca. 2 Minuten pro TN)

Wählen Sie ein Thema aus und sprechen Sie ca. zwei Minuten darüber. Zeigen Sie, was Sie können.

Beschreiben Sie das **Vorgehen bei der Arbeitssuche** für ein Land Ihrer Wahl (z. B. Angebote finden, Erstkontakt, Bewerbungsunterlagen oder -gespräch).

oder

Beschreiben Sie, wie Sie sich **ein gutes Arbeitsumfeld** vorstellen (z. B. Jobsicherheit, Lohn/Gehalt, Karrierechancen, Kommunikation in der Firma, Beispiele aus Ihrer Berufserfahrung).

Teilnehmer/in B

Teil 1A Über ein Thema sprechen (ca. 2 Minuten pro TN)

Wählen Sie ein Thema aus und sprechen Sie ca. zwei Minuten darüber. Zeigen Sie, was Sie können.

Beschreiben Sie **eine Person** aus Ihrem Umfeld, die für Sie ein berufliches Vorbild ist (z. B. Beziehung zu dieser Person, Eigenschaften, Einfluss auf Sie).

oder

Beschreiben Sie **ein Produkt/eine Dienstleistung** Ihrer Wahl (z. B. Merkmale, Nutzen für Kunden, Vor- und Nachteile, Erfolg).

Teil 1B Prüferfragen (ca. 2 Minuten pro TN)

Im Anschluss an Ihre Ausführungen stellt Ihnen die Prüferin bzw. der Prüfer Fragen. Während Sie sprechen, macht sich Ihre Gesprächspartnerin bzw. Ihr Gesprächspartner Notizen.

Teil 1C Erläuterung eines Aspekts (ca. ½ Minute pro TN)

Die zweite Prüferin/der zweite Prüfer bittet Ihre Gesprächspartnerin bzw. Ihren Gesprächspartner, einen Aspekt aus Ihren Antworten zu erläutern. Zum Beispiel mit diesen Worten: „TN A/B hat über … gesprochen. Das habe ich leider nicht ganz verstanden. Können Sie mir das noch einmal erläutern?"

Teilnehmer/in A und B

Teil 2 Mit Kolleginnen und Kollegen sprechen (ca. 3 Minuten)

Ich arbeite gerne mit anderen im Team.
Welche Erfahrungen hast du damit gemacht?

1

Ich nehme mir den Brückentag frei.
Was machst du an dem Tag?

2

Modelltest 3 Sprechen Teil 3

Teil 3 Lösungswege diskutieren (ca. 4 Minuten)

Situation
Sie arbeiten in einem Möbelhaus. Einige Kundinnen und Kunden haben sich über die Lieferung der Möbel beschwert: Die Fahrer sind nicht pünktlich und die Möbel sind beschädigt.

Aufgabe
Überlegen Sie zusammen mit Ihrer Gesprächspartnerin oder Ihrem Gesprächspartner, wie Sie in dieser Situation angemessen reagieren.

Diese Stichpunkte helfen Ihnen:

beschädigte Möbel: was tun?

**Kundinnen und Kunden:
wie kontaktieren? was anbieten?**

**Fahrer:
wie ansprechen? was fordern?**

**langfristig:
Qualitätskontrolle? Alternativen dazu?**

… ?

Lösungen

Lösungen   Modelltest 2

Modelltest 2

Lesen Teil 1
1 f, **2** e, **3** a, **4** g, **5** b

Lesen Teil 2
6 falsch, **7** c, **8** richtig, **9** a

Lesen Teil 3
10 c, **11** f, **12** x, **13** a

Lesen Teil 4
14 c, **15** b, **16** b, **17** c, **18** a

Lesen und Schreiben
19 a, **20** b

21 Mögliche Lösung

Sehr geehrter Herr Raueisen,

es freut uns, dass Sie mit unserer Arbeit zufrieden sind – dass dabei das Spülbecken beschädigt wurde, tut uns dagegen leid.

Gerade habe ich mit den beiden Mitarbeitern gesprochen, die Ihre Küche eingebaut haben. Sie konnten sich nicht erklären, wie es zu dieser Beschädigung gekommen ist.

Wir möchten Ihnen deshalb Folgendes vorschlagen: Einer unserer Mitarbeiter wird morgen gegen 15 Uhr bei Ihnen vorbeikommen, um sich den Schaden anzusehen. Vor Ort kann er dann entscheiden, ob er das Spülbecken reparieren kann oder ob es ausgetauscht werden muss.
Bitte bestätigen Sie den Termin oder schlagen Sie eine andere Zeit vor.

Wir hoffen, dass Sie mit diesem Vorschlag einverstanden sind und dass wir den Schaden schnell regeln können.

Mit freundlichen Grüßen
Murat Darzi

Hören Teil 1
22 richtig, **23** c, **24** falsch, **25** a, **26** falsch, **27** a

Hören Teil 2
28 d, **29** a, **30** f, **31** b

Hören Teil 3
32 c, **33** a, **34** b, **35** b

Hören Teil 4
36 a, **37** b, **38** b, **39** c, **40** b

Hören und Schreiben
41 b ⬤ Bestellung/Buchung
42 Kollnitz
43 07351 599 64
44 großer Tagungsraum o.k.
nur zwei Seminarräume
zusätzlicher Bildschirm möglich?
45 drei Zimmer stornieren

Sprachbausteine 1
46 a, **47** e, **48** h, **49** c, **50** g, **51** i

Sprachbausteine 2
52 a, **53** c, **54** c, **55** c, **56** b, **57** c

Schreiben
58 Mögliche Lösung für **Thema A**

Hallo Kollegen,

gerade habe ich gelesen, dass wir in Zukunft abwechselnd unsere Pausenräume sauber machen sollen.

Zugegeben, die Pausenräume sehen oft schon am Vormittag furchtbar aus, weil auf den Tischen überall Brotkrümel und Kaffeeflecken sind. Und auch der Boden ist oft so schmutzig, dass man kleben bleibt.

Ich finde das ja auch nicht schön und mache deshalb nach meiner Pause immer sauber. Ich bin der Meinung, dass man das wirklich von allen Kolleginnen und Kollegen erwarten kann – aber uns gleich zu einem „Putzdienst" zu verpflichten, das finde ich nicht akzeptabel.

Auch wenn die Putzmaterialien zur Verfügung gestellt werden, nimmt eine solche Aktion doch viel Zeit in Anspruch, die wir dann nicht für unsere Pause oder Arbeit haben. Außerdem trage ich als Kundenbetreuer immer einen Anzug, der durch das Putzen schmutzig werden würde.

Nein, wirklich, wir müssen eine andere Lösung finden. Oder was meint ihr?

Viele Grüße
Tommy

Mögliche Lösung für **Thema B**

Hallo zusammen,

ich lese unsere Mitarbeiterzeitung ja eigentlich sehr gerne. So erfahre ich viel darüber, wie erfolgreich unser Unternehmen ist und welche Projekte geplant sind. Auch das Porträt von unserem Chef in der Rubrik „Ganz privat" fand ich interessant.

Jetzt sollen aber auch Porträts von uns Mitarbeitenden in der Mitarbeiterzeitung erscheinen. Also, ich weiß nicht, was ich davon halten soll.

Es stimmt schon, dass sich die Mitarbeitenden so besser kennenlernen können, z. B. wer welche Talente und Hobbys hat, aber mein Privatleben geht doch eigentlich niemanden etwas an. Und in den sozialen Medien schreibt man auch schon ziemlich viel über sich. Wer sich dafür interessiert, kann das doch dort lesen.

Auch wenn man das Interview auf Arbeitszeit machen kann, würde ich etwas anderes vorschlagen: Ich fände es besser, wenn z. B. jeder sein Lieblingsrezept aufschreibt. Das wäre auch mal eine gute Anregung für unsere Kantine. ☺

Grüße
Anelya

Lösungen   Modelltest 3

Modelltest 3

Lesen Teil 1
1 g, **2** c, **3** h, **4** a, **5** e

Lesen Teil 2
6 falsch, **7** a, **8** richtig, **9** b

Lesen Teil 3
10 f, **11** x, **12** e, **13** c

Lesen Teil 4
14 b, **15** b, **16** a, **17** c, **18** a

Lesen und Schreiben
19 c, **20** b, **21** (individuelle Lösung)

Hören Teil 1
22 falsch, **23** a, **24** richtig, **25** c, **26** falsch, **27** c

Hören Teil 2
28 b, **29** f **30** a, **31** e

Hören Teil 3
32 a, **33** c, **34** b, **35** c

Hören Teil 4
36 b, **37** a, **38** a, **39** c, **40** c

Hören und Schreiben
41 a ⬛ Angebot
42 Woythkes
43 06271 89 234
44 30 Bürostühle
    Artikelnr. A39, blau
    Rollen für Hartböden
    + Lieferung
45 Angebot per Mail schicken

Sprachbausteine Teil 1
46 f, **47** i, **48** g, **49** b, **50** c, **51** j

Sprachbausteine Teil 2
52 b, **53** c, **54** a, **55** b, **56** c, **57** a

Schreiben
58 Mögliche Lösung für **Thema A**

Hallo zusammen,

habt ihr schon gehört, dass endlich Klimaanlagen in allen Büroräumen eingebaut werden sollen?

Ich finde das super, denn der letzte Sommer war ja wahnsinnig heiß und ich fand es sehr mühsam, mich zu konzentrieren.
Allerdings habe ich auch gehört, dass es im Gegenzug kein kostenloses Mineralwasser mehr geben soll. Eine Kollegin von mir war davon gar nicht begeistert, weil sie sehr viel Wasser trinkt und im Sommer wird sie nun immer ihre eigenen Flaschen mitbringen müssen – und das heißt natürlich auch, dass sie die Flaschen schleppen muss, weil sie Leitungswasser nicht mag.

Ich persönlich finde das nicht so schlimm, denn meiner Meinung nach bringt eine Klimaanlage doch viel mehr als das kostenlose Wasser.

Was meint ihr? Ich bin gespannt auf eure Meinungen.

Liebe Grüße
Cora

Mögliche Lösung **Thema B**

Hallo in die Runde,

endlich soll es auch in unserem Betrieb eine Möglichkeit geben, etwas Sport zu treiben. Das finde ich super!
Wir sitzen ja fast den ganzen Tag am Schreibtisch vor den Computern, das ist natürlich nicht gut für den Körper. Und nicht jeder hat Zeit, nach der Arbeit noch ins Fitnessstudio zu gehen, denn oft sind die Fitnessstudios weit entfernt. Da ist ein Fitnessraum in unserem Unternehmen natürlich total praktisch!
Ich finde es ehrlich gesagt auch fair, dass das nicht umsonst sein soll. Natürlich kommt es aber auch darauf an, wie hoch die monatliche Gebühr sein wird. Das steht ja anscheinend noch nicht fest, oder?

Prinzipiell finde ich die Idee aber in Ordnung und ich würde dafür auch jeden Monat etwas bezahlen.

Was denkt ihr?

Grüße
Maxim

Hörtexte

Hörtexte   Modelltest 1

Modelltest 1

Hören Teil 1

1 Nummer 22 und 23

Pflegeleiterin: So, Herr Demir, jetzt habe ich Ihnen schon sehr viel über unser Seniorenheim erzählt. Ich möchte Sie gerne noch über ein paar Arbeitsabläufe in unserer Wohneinheit informieren.
Pflegekraft: Ja, sehr gerne.
Pflegeleiterin: Der Austausch im Team ist uns sehr wichtig und dementsprechend gestalten wir die Übergaben zwischen unseren drei Dienstschichten. Die Übergabe von der Früh- an die Spätschicht ist die Kernübergabe. Die ist um 15 Uhr und wir planen über eine halbe Stunde ein, damit wir Zeit haben, uns über jeden einzelnen Bewohner und jede einzelne Bewohnerin unserer Wohneinheit auszutauschen. Wir versuchen, die Übergaben immer durch eine Person in Bereitschaft möglichst störungsfrei zu halten, das heißt eine oder einer von uns ist auf Abruf. Wenn es etwas zu tun gibt, dann findet die Besprechung weiter statt und nur diese eine Person in Bereitschaft verlässt das Zimmer.
Pflegekraft: Verstehe. Das ist gut, dann verpasst man weniger.
Pflegeleiterin: Richtig, Ihnen als ausgebildete Pflegekraft brauche ich nicht zu sagen, wie wichtig gute Kommunikation unter uns Mitarbeitern ist. Wenn Informationen fehlen oder unvollständig sind, dann kann das unseren Bewohnerinnen und Bewohnern schaden.
Pflegekraft: Ja, klar, das stimmt! Wie lange vorher weiß ich, in welcher Schicht ich eingesetzt bin?
Pflegeleiterin: Ich schicke die vorläufigen Dienstpläne immer 6 Wochen im Voraus an alle Beschäftigten. Soweit es geht, versuche ich Wünsche zu berücksichtigen. Wenn Sie also mal für eine Nachtschicht eingeteilt sind und Sie haben aber am nächsten Tag Geburtstag oder so was, dann können Sie gerne tauschen.
Pflegekraft: Das hört sich gut an.
Pflegeleiterin: Natürlich immer in Rücksprache mit mir. Eine Woche vorher steht der Dienstplan fest und darf nicht mehr geändert werden.
Pflegekraft: O.k., gut. Soweit ist alles klar.
Pflegeleiterin: Die Übergabe von der Nachtschicht …

2 Nummer 24 und 25

Frau Richter: Guten Tag, Beate Richter hier vom *Küchenhaus in der City*. Ich rufe wegen Ihrer kleinen Werbegeschenke für Kunden an.
Herr Waldner: Sie meinen unsere Werbeartikel?
Frau Richter: Ja, genau, die Werbeartikel. Wir haben 30-jähriges Jubiläum und wollen unseren Kunden zu diesem Anlass bei jedem Kauf ein kleines Geschenk mit unserem Namen drauf mitgeben.
Herr Waldner: Das ist eine gute Idee. Woran haben Sie gedacht?
Frau Richter: Wir wollen etwas Nachhaltiges.
Herr Waldner: Sie meinen, etwas, das nicht so schnell kaputtgeht?
Frau Richter: Genau. Unsere Kunden sollen uns ja lange und gut in Erinnerung behalten. Was würden Sie uns da vorschlagen?
Herr Waldner: Wie viel wollten Sie denn ausgeben?
Frau Richter: Es darf schon ein bisschen was kosten. Und es muss zu unserem Geschäft passen.
Herr Waldner: Hm ja, da haben wir eine breite Auswahl. Haben Sie denn schon auf unsere Webseite geschaut?
Frau Richter: Nein. Ich wollte mich persönlich beraten lassen, aber ich rufe die Seite gerade auf.
Herr Waldner: Was gut zum Sortiment eines Küchenstudios passen würde, sind zum Beispiel die Kaffee-Thermo-Becher Piccolino mit buntem Deckel für 98 Cent ab 100 Stück. Die sind weiß und Ihr Name wäre in der Farbe des Deckels aufgedruckt.
Frau Richter: Das hört sich gut an. Dann schau ich mir das jetzt in Ruhe auf Ihrer Webseite an und melde mich dann. Bevor wir eine Bestellung aufgeben, müssen wir im Lager Platz schaffen.
Herr Waldner: Alles klar, Frau Richter. Wenn es Ihnen besser passt, können Sie dann auch gleich über unsere Webseite bestellen. Und wenn Sie Fragen haben, melden Sie sich.

Nummer 26 und 27

Herr Cornelius: So, Herr Leopold, dann machen wir gleich mal einen Rundgang. Ich möchte Ihnen auch kurz den Videokonferenzraum und die Materialausgabe zeigen.
Herr Leopold: Sehr gerne. Was man da so generell macht, damit bin ich ja vertraut. Aber in jeder Firma ist das ja auch ein bisschen anders.
Herr Cornelius: Sie sind ja kein Berufsanfänger, das hat schon Vorteile. Bei uns ist allerdings anders, dass wir ein nachhaltiger Betrieb sein wollen und auch so handeln.
Herr Leopold: Das finde ich sehr spannend. Wie genau macht sich das denn bemerkbar?
Herr Cornelius: Hier ist der Videokonferenzraum. Wir schalten mehrmals in der Woche eine Konferenz, um uns mit unseren Standorten in Bonn, Berlin, Brüssel und Basel abzusprechen. Wir sparen damit viele Flugreisen – so ganz vermeiden können wir Dienstreisen aber leider noch nicht.
Herr Leopold: Aber man könnte ja nach klimaneutralen Alternativen suchen, mit der Bahn kommt man ja auch mittlerweile überall gut hin.
Herr Cornelius: Ich sehe schon, Sie denken mit. Das müssen Sie dann im Einzelnen mit den entsprechenden Mitarbeiterinnen und Mitarbeitern

Hörtexte Modelltest 1

klären, das gehört auch zu Ihren Aufgaben. Manchmal sind die Termine sehr kurzfristig.
Herr Leopold: Und was gehört bei den Videokonferenzen zu meinen Aufgaben?
Herr Cornelius: Sie helfen bei der Vorbereitung von Präsentationen und unterstützen bei den Recherchen. Unsere Akten werden gerade eingescannt und digitalisiert und stehen größtentells schon als E-Akten zur Verfügung.
Herr Leopold: Und muss ich mich bei den Konferenzen um die Bewirtung kümmern?
Herr Cornelius: Nur in Ausnahmefällen, da bringt sich jeder eigentlich ihren oder seinen Kaffee mit. Zu Ihrem Aufgabengebiet gehört, dass Sie vor den Meetings die Technik vorbereiten, damit dann auch alles läuft.
Herr Leopold: Na, das bekomme ich hin.
Herr Cornelius: Bestimmt! Dann zeige ich Ihnen jetzt noch die Materialausgabe.
Herr Leopold: Ich nehme an, auch hier spielt Nachhaltigkeit eine Rolle?
Herr Cornelius: Ja, definitiv. Sie sammeln die Wünsche der Kolleginnen und Kollegen …

Hören Teil 2

 3 **Nummer 28**
Grit: Lennart, schön, dass ich dich treffe. Ich wollte dich heute anrufen.
Lennart: Hi Grit, was gibt's?
Grit: Du hast doch gerade eine berufsbegleitende Weiterbildung angefangen …
Lennart: Hmhm.
Grit: Und da wollte dich fragen, wie es läuft. Ich überlege mir nämlich, neben dem Job auch was zu machen.
Lennart: Woran denkst du da?
Grit: Ehrlich gesagt, weiß ich gar nicht, was es gibt. Ich würde mich gerne irgendwie weiterqualifizieren, um in der Firma schneller voranzukommen.
Lennart: Dann solltest du erstmal drüber nachdenken, wozu du eine Weiterbildung machen willst, was du hier im Betrieb damit erreichen willst. Da gibt es ja viele Angebote, aber was dich dann hier voranbringt.
Grit: Wahrscheinlich hast du recht.

4 **Nummer 29**
Ali: So, Feierabend, Kollegen! Kommt noch jemand mit was trinken?
Marvin: Ja, klar, sehr gerne!
Mina: Tut mir leid, ich kann nicht, ich muss was erledigen.
Marvin: Was jetzt? Mina! Es ist 18 Uhr!
Mina: Ja, ich weiß. Aber ich mache doch diese Zusatzqualifizierung und muss mich noch vorbereiten.
Ali: Hast du da jeden Tag Unterricht?

Mina: Nein, nur mittwochsabends und am Wochenende.
Marvin: Trotzdem ganz schön viel, oder? Lohnt sich das?
Mina: Naja, irgendwas muss ich dafür immer machen. Sport machen und Freunde treffen kann ich da tatsächlich nicht mehr, ich brauche jede Minute zum Lernen.
Marvin: Na, wenn es dich dann weiterbringt. Schade trotzdem. Bis Montag dann.

Nummer 30
Ansgar: Billie, da bist du ja endlich. Warum kommst du so spät?
Billie: Ich hatte noch ein Vorstellungsgespräch.
Ansgar: Was? Du willst bei uns in der Firma aufhören?
Billie: Es ist noch nicht offiziell, aber – ja. Ich sehe keine Entwicklungsmöglichkeit mehr.
Gerda: Wie meinst du das? Dass du hier nicht befördert wirst?
Billie: Naja, ich habe zwei Jahre neben meiner Arbeit hier in der Firma in meiner Freizeit ein Fernstudium gemacht und mich zur Leitungskraft qualifiziert, aber hier wird das nicht anerkannt. Ich bin ja nicht mal Teamleiterin.
Ansgar: Du hast gedacht, dass du nach deinem Studium gleich eine Stufe auf deiner Karriereleiter hochkletterst?
Billie: Ja, ich habe gedacht, das geht schneller.

Nummer 31
Christian: Sag mal, liebe Kollegin, ich habe gehört, du machst eine Online-Weiterbildung?
Julia: Ja. Aber mit dem Job und der Familie – alles nebeneinander hinzubekommen, ist anstrengender, als ich gedacht habe.
Christian: Tatsächlich? Aber du kannst dir doch die Zeit einteilen und lernen, wann du Zeit hast. Du sitzt mit einer Tasse Kaffee in der Hand bequem im Sessel vor dem Monitor …
Julia: Genauso ist es! Naja, es stimmt schon, dass man zeitlich etwas flexibler ist. Aber trotzdem brauche ich dann Ruhe und muss absprechen, wer so lange auf die Kinder aufpasst. Aufgaben muss ich natürlich auch machen, und irgendwas kommt immer dazwischen.
Christian: Das hört sich ja richtig nach Stress an …
Julia: Ist es auch.

Hören Teil 3

Chefin: Guten Tag und hallo alle zusammen. Wie Sie wissen, haben wir uns entschlossen, unsere alte mechanische Schließanlage, die bei Gründung der Firma vor 38 Jahren eingebaut wurde, gegen eine elektronische Schließanlage auszutauschen. Wir sind in den letzten Jahren gewachsen, größer geworden, 5

107

Hörtexte Modelltest 1

und unsere Ansprüche an eine Schließanlage sind gestiegen.
Mitarbeiter: Das heißt, dass wir bald keine Schlüssel mehr haben?
Chefin: Stimmt. Schlüssel und Schlösser, so wie wir sie bisher verwendet haben, wird es nicht mehr geben. Alle Mitarbeiter erhalten eine Schließkarte im Scheckkartenformat, also eine Plastikkarte mit Chip, die wie ein Schlüssel funktioniert, und mit der sie so einfach wie bisher alle Türen öffnen, bis Sie an Ihren Arbeitsplatz gelangt sind.
Mitarbeiterin: Ist das denn nötig? Das ist doch bestimmt alles aufwändig.
Chefin: Ja, das ist richtig. Der Umbau wird einige Zeit dauern – und ist natürlich auch mit einigem Aufwand verbunden, das ist uns bewusst. Aber das ist es uns auch wert, denn so eine Schließanlage erhöht die Sicherheit auf dem ganzen Gelände. Durch die Schließkarte wird festgehalten, wer gerade wo in den Geschäftsräumen ist. Das konnte ein Schlüssel nicht leisten. Außerdem können Sie Geld auf die Karte laden und damit mittags in der Kantine Ihr Mittagessen bezahlen.
Mitarbeiter: Ach, das ist ja praktisch. Und wenn man die Chipkarte verliert?
Chefin: Auch das ist dann viel unkomplizierter zu lösen als vorher, denn es müssen nicht mehr alle Schlösser ausgetauscht werden. Wenn man das alles einrechnet, dann wird klar, warum wir uns trotz der nicht geringen Kosten für den Einbau der neuen Schließanlage entschieden haben.
Mitarbeiterin: Aber müssen diese Chipkarten dann nicht …

 6

Mitarbeiterin: Aber müssen diese Chipkarten dann nicht … äh … irgendwie personalisiert werden?
Chefin: Es ist so: Alle Mitarbeiterinnen und Mitarbeiter erhalten mit ihrer Chipkarte natürlich die Zutrittsberechtigung zur Firma, das heißt, sie dürfen mit Ihrer Chipkarte die Haupteingangstür und alle Türen zu den Bereichen, in denen sie arbeiten, öffnen. Zum Beispiel Sie, Frau Zündmann, sind Assistentin der Geschäftsführung. Wie bisher mit Ihrem Schlüssel – nur jetzt mit der Schließkarte – kommen Sie in Ihr Büro und ins Büro der Geschäftsleitung. Ebenso haben Sie Zutritt zu allen Konferenzräumen. Aber – Sie kommen mit Ihrer Karte zum Beispiel nicht in die IT-Abteilung, weil Sie nicht dort arbeiten. Auch nicht in die Küche oder ins Lager – diese Türen können wie bisher nur von den entsprechenden Mitarbeitenden geöffnet werden. Wenn es bis hier keine Frage gibt, möchte ich Ihnen jetzt sagen, was Sie tun müssen, um Ihre Berechtigung zu bekommen. Sie geben Ihre Schlüssel in der Personalabteilung gegen eine Quittung ab und man prüft, wo Sie arbeiten und für welche Bereiche man Sie freischalten muss. Diese Zugangsberechtigung wird an die IT-Abteilung geschickt und dort können Sie sich dann Ihre aktivierte, personalisierte Schließkarte gegen eine Unterschrift abholen. Ganz einfach.
Mitarbeiter: Was ist, wenn ich meine Chipkarte verliere oder sie kaputtgeht?
Chefin: Da müssen Sie sich schon anstrengen, um die Karte kaputt zu machen, Herr Huber. Die Karte ist ziemlich dick und stabil, aber wenn Sie Ihre Karte verlieren oder Sie es doch schaffen, sie zu beschädigen oder auch, wenn Sie eine Karte finden, die jemand anders verloren hat, dann setzen Sie bitte umgehend den diensthabenden Mitarbeiter am Empfang in Kenntnis. Der Empfang ist rund um die Uhr besetzt und die Karte wird dort sofort deaktiviert. Die Ausstellung einer Ersatzkarte geschieht dann wieder in der IT-Abteilung und ist gebührenpflichtig.
Mitarbeiterin: Sie haben am Anfang gesagt, der Einbau dauert etwas. Wann soll das überhaupt alles stattfinden?
Chefin: Ja, richtig. Das kann sich alles bis in den Januar ziehen, auch wenn es schon Mitte Dezember losgeht. Eine Firma, die auf Daten- und Kommunikationstechnik spezialisiert ist, wird dafür ins Haus kommen. Für die Übergangsphase verstärken wir nicht nur den Sicherheitsdienst, sondern schulen auch neue Mitarbeiter für den Empfang, damit Sie keine Schwierigkeiten haben, ins Haus zu kommen. Dann komme ich jetzt dazu, wie wir es regeln wollen, wenn …

Hören Teil 4

Nummer 36 7

Guten Tag, Ava Schneider hier. Ich interessiere mich für den Büroraum in der Thüringer Straße 12. Sie schreiben, dass es Tiefgaragenplätze gibt. Kosten die extra? Bevor ich mich entscheide, muss ich auch wissen, ob das Gebäude barrierefrei ist. Ich bin Rollstuhlfahrerin und brauche ein Büro, das für mich gut zugänglich ist. Und noch etwas: Sehr wichtig ist für mich auch die Möglichkeit, Besucher zu empfangen. Gibt es einen geeigneten Besprechungsraum und eine Teeküche? Könnte mein Geschäftspartner sich den Raum heute noch ansehen? Das wäre …

Nummer 37 8

Guten Morgen Herr Gruber. Hier ist Wanner von der Personalabteilung. Wir hatten um halb drei einen Termin zu Ihrer Mitarbeiterin in der Filiale in Cotta. Mir ist jetzt leider etwas Dringendes dazwischen gekommen, das dauert so bis ungefähr 16 Uhr, 16 Uhr dreißig. Könnten wir uns vielleicht danach noch besprechen? Oder sind Sie dann schon weg? Ich hoffe, das bringt Ihre Pläne jetzt nicht allzu sehr durcheinander? Es wäre nett, wenn Sie mich kurz zurückrufen und mir Bescheid sagen, ob das bei Ihnen geht.

Nummer 38
Hey Anna, du, ich stehe gerade im Elektro Müller und wollte die Kaffeemaschine holen, die wir für Vanessa und Metin als Hochzeitsgeschenk ausgesucht hatten. Die gibt's aber nicht mehr und wir müssten eine andere nehmen. Das Nachfolgemodell kostet 30 Euro mehr. Das wäre doch bezahlbar, oder? Dann reicht es aber nicht mehr für diesen Milchaufschäumer, der wie eine Kuh aussieht, den du so gern dazu wolltest, so viel Geld haben wir nicht gesammelt. Ja, komm, ich mach das jetzt so, sonst müssten wir alle nochmal um ein paar Euros bitten.

Nummer 39
Hallo Kollegen, hier ist euer Chef. Wir hatten heute Morgen eine Hygienekontrolle bei uns im Gastronomiebereich des Hotels. Es war alles o.k., bis auf ein paar Kleinigkeiten: In der Herrenumkleide war Staub auf den Umkleideschränken und im Damenumkleidebereich war der Fußboden zu schmutzig. Wenn euch da in Zukunft was auffällt, sagt mir bitte gleich Bescheid. Sowas muss ja nicht sein. Für die Küche wurden wir gelobt! Was aber negativ auffiel, war die fehlende Kennzeichnung mancher Zusatzstoffe auf der Speisekarte. Das korrigiere ich gleich und einer von euch bringt die Datei dann bitte in den Copy-Shop.

Nummer 40
Hi Suzi, Haneen hier. Ich bin schon oben im Konferenzraum. Hat alles wunderbar geklappt, es fehlen aber noch ein paar Sachen und du kommst ja sowieso gleich rauf. Den Sitzplan habe ich, aber nicht die Tischkarten. Kannst du die bitte ausdrucken? Der USB-Stick mit den Vorlagen ist irgendwo auf meinem Schreibtisch oder steckt im PC, das weiß ich jetzt nicht mehr genau. Ich habe gerade die Anlage und den Projektor überprüft, nur das Mikrofon musste ich austauschen, jetzt ist alles o.k. Kaffee und Tee sind unterwegs, die Kekse habe ich aus der Cafeteria mitgebracht.

Hören und Schreiben

 9 Guten Morgen, Sudmeyer von der Fleischerei Müller. Sie haben bei uns für Ihr Betriebsfest Würste bestellt. Ich muss da leider noch einmal nachfragen: Die Würste gibt es dick oder dünn und normal oder scharf. Welche wollen Sie? Alle Sorten kosten gleich viel.
Ich möchte Sie auch noch auf ein Angebot aufmerksam machen, unsere Grillsaucen. Die Flasche kostet 5 Euro. Zwei Flaschen kosten 8 Euro. Rufen Sie uns einfach an, wenn Sie Interesse haben. Noch eine Bitte: Sagen Sie uns wegen der Würste bitte heute noch vor 17 Uhr telefonisch Bescheid. Mein Name ist Sudmeyer. S – U – D – M – E – Y – E – R. Meine Telefonnummer ist 0-761- 92 - 45 - 03. Ach, jetzt hätte ich es fast vergessen, bis wie viel Uhr sollen wir liefern?

Sprechen Teil 1

Prüferin: Ich begrüße Sie zur Prüfung. Ich heiße Katharina Siebenmorgen und das ist mein Kollege Pierre Meyer.
Prüfer: Hallo.
Prüferin: Die Prüfung hat drei Teile. Im ersten sprechen Sie über ein Thema, das Sie auswählen. Im zweiten Teil führen Sie ein Gespräch unter Kollegen und im dritten Teil müssen Sie gemeinsam Lösungswege diskutieren. Würden Sie sich zu Beginn bitte kurz vorstellen?
TN B: Guten Tag, ich bin Olga Guseimova und komme aus Russland. Ich lebe seit 3 Jahren mit meiner Familie hier in Deutschland. In Russland war ich Assistentin der Geschäftsführung.
Prüferin: Danke. Und Sie?
TN A: Hallo, mein Name ist Özden Gül. Ich bin seit ungefähr dreieinhalb Jahren in Deutschland. Ich habe in der Türkei Informatik studiert und mehrere Jahre als Programmierer gearbeitet.
Prüferin: Vielen Dank. Dann kommen wir zur eigentlichen Prüfung, zu Teil 1 A. Herr Gül, fangen Sie bitte an. Hier sind zwei Themen zur Auswahl, suchen Sie sich ein Thema aus und sprechen Sie darüber.
TN A: Ja, danke. Ich möchte gerne einen Arbeitgeber beschreiben, für den ich gearbeitet habe.
Prüferin: Bitte.
TN A: Ich habe Informatik studiert und bin Programmierer von Beruf. In Ankara habe ich bei einem großen internationalen Unternehmen in der IT-Abteilung gearbeitet. Dieses Unternehmen möchte ich beschreiben.
Das Unternehmen ist ein Zulieferer für die Automobilbranche, das Bauteile für Lastkraftwagen herstellt, wie zum Beispiel Schrauben, Verbindungsteile und so weiter.
Die Sprachen in der Firma waren Türkisch aber auch Englisch. Da ich Türke bin, spreche ich natürlich Türkisch. Englisch habe ich in der Schule gelernt, deshalb hatte ich also auch keine Probleme mit der Sprache. Das Unternehmen hat 900 Mitarbeiterinnen und Mitarbeiter aus vielen verschiedenen Ländern. Die Abteilungen sind so, wie in allen großen Firmen: Personalabteilung, Produktion, Vertrieb, Qualitätsmanagement … Ich möchte hier genauer über die IT-Abteilung bei meinem Arbeitgeber sprechen. Meine Aufgabe bestand darin, die Arbeitsplätze für neue Mitarbeiterinnen und Mitarbeiter einzurichten, sodass sie sofort mit der

Arbeit anfangen konnten. Wir mussten die Computer personalisieren und außerdem auch bei Problemen helfen. Wir haben in unserer Abteilung aber auch Programme für Maschinen entwickelt, mit denen Abgas reduziert werden konnte. Das Unternehmen hat viel Geld in grüne Technologie investiert und auch auf dem Gebiet geforscht. Das Besondere an unserem Unternehmen war, dass es viele Weiterbildungen zum Thema gab. Ich habe regelmäßig Veranstaltungen im IT-Bereich besucht. Auch sonst hat die Firma das Umweltbewusstsein von uns Mitarbeitern sehr gefördert. Ich fand das toll.
Prüferin: Vielen Dank, Herr Gül. Sie haben gesagt, dass eine Ihrer Aufgaben in der IT-Abteilung darin bestand, Computer zur personalisieren. Was genau kann ich mir darunter vorstellen?
TN A: Ja, also, das fing bei der Hintergrundfarbe des Bildschirms an, die in meinem Unternehmen hellblau war, und ging bis zu den Programmen, die der Mitarbeiter oder die Mitarbeiterin für ihre Arbeit benutzen musste. Im Einkauf braucht man ja z.B. andere Programme als im Vertrieb, deshalb war das für die eine Abteilung so und für eine andere Abteilung anders. Das Ziel war aber immer gleich: Durch das Personalisieren soll dem Nutzer, also der Person, die am Computer sitzt, die Arbeit erleichtert werden. Ja, und dadurch, dass ich meine Arbeit überall gemacht habe, habe ich ganz viele Abteilungen und Kolleginnen und Kollegen auch persönlich kennengelernt, das fand ich besonders schön.
Prüferin: Sie erwähnten auch, dass das Unternehmen das Umweltbewusstsein der Mitarbeiter gefördert hat. Können Sie das etwas näher erklären?
TN A: Ja, gern. Wir hatten zum Beispiel eine Kantine, in der es keine Einmalverpackungen und nur Pfandflaschen gab. Da und in der Cafeteria wurde kein Plastikgeschirr oder –besteck verwendet. Wir hatten natürlich auch energiesparende Bildschirme und Computer.
Prüfer: Danke, Herr Gül. Frau Guseimova, könnten Sie mir nochmal erläutern, was Herrn Gül an seiner Aufgabe besonders gut gefallen hat?
TN B: Ja, gerne. Also, Herr Gül hat in der IT-Abteilung gearbeitet und er hat berichtet, dass er die Computer-Arbeitsplätze für Mitarbeiter eingerichtet hat, indem er die Programme, die sie gebraucht haben, installiert hat. Durch diese Arbeit hat er sehr viele Mitarbeiter und fast alle Abteilungen seiner Firma kennengelernt – ich hatte den Eindruck, dass ihm das besonders gut gefallen hat. Das und auch, dass sein Arbeitgeber umweltfreundlich gedacht und gehandelt hat.
Prüferin: Vielen Dank. So, dann sprechen Sie jetzt bitte über ein Thema.
TN B: Ich spreche darüber, worauf es bei einem Bewerbungsgespräch hier in Deutschland ankommt. Auf dem Gebiet habe ich schon Erfahrungen gesammelt und außerdem komme ich aus Russland und es ist in meiner Heimat eigentlich genau so wie hier in Deutschland: Wenn man ein Bewerbungsgespräch hat, muss man sich gut darauf vorbereiten. Man wird zu Beginn immer gefragt, ob man sich kurz vorstellen kann. Das kann man zu Hause üben. Typische Fragen am Anfang sind zum Beispiel: „Warum haben Sie sich gerade bei uns beworben?", „Warum wollen Sie Ihre Stelle wechseln?" Später im Vorstellungsgespräch werden dann Fragen gestellt wie, wo man sich in fünf Jahren sieht oder was die eigenen Stärken und Schwächen sind. Als Bewerber oder Bewerberin muss man sich natürlich sehr gut über das Unternehmen, bei dem man arbeiten möchte, informieren. Am einfachsten geht das, meiner Meinung nach, über die Webseite der Firma. Wenn die Firma, bei der man sich bewirbt, etwas herstellt, dann sollte man natürlich die Produktpalette kennen, oder, wenn sie Dienstleistungen anbieten, welche das sind. Außerdem sollte man sich mit der Geschichte des Unternehmens beschäftigen und wissen, seit wann es die Firma gibt, wo die Firma Standorte hat – auch wenn im Vorstellungsgespräch dann niemand danach fragt. Für alle Bewerber gilt das Gleiche: Man muss die Stellenbeschreibung ganz genau durchlesen und wissen, wen das Unternehmen für was sucht. Wenn man dann danach gefragt wird, warum man ein guter neuer Mitarbeiter wäre, dann kann man die passenden Qualifikationen und Berufserfahrungen nennen. Wichtig ist auch, dass man so angezogen ist, wie es in der Branche üblich ist. Ich zum Beispiel arbeite im Rechnungswesen, ich habe keinen Kundenkontakt. Ich muss im Büro kein Kostüm anziehen. Aber ich komme natürlich auch nicht in Leggins und Sweat-Shirt zur Arbeit. Das alles ist aus meiner Sicht wichtig für ein Bewerbungsgespräch.
Prüferin: Danke. Sie haben davon gesprochen, dass man für ein Vorstellungsgespräch so angezogen sein sollte, wie es dann zur späteren Tätigkeit passt. Können Sie das noch genauer erklären?
TN B: Ich meinte damit, dass … Also, wenn Sie sich zum Beispiel in einem Start-up beworben haben, das … sagen wir, eine neue Limonade für junge Leute auf den Markt bringen will, dann sollten Sie sich modern anziehen. Das passt zum Unternehmen. Aber wenn Sie sich in einer Bank vorstellen, müssen Sie seriös angezogen sein. Da vertrauen Ihnen Kunden ihr Geld an! Als Bewerber sollten Sie im Vorstellungsgespräch zeigen, dass Sie wissen, was später im Berufsalltag von Ihnen erwartet wird.
Prüferin: Sie haben gesagt, dass sich Bewerber über den zukünftigen Arbeitgeber informieren sollten. Wie haben Sie das genau gemacht? Haben Sie da einen besonderen Tipp?

TN B: Als ich mich beworben habe, habe ich mir zuerst die Webseite der Firma gründlich angesehen, besonders die Seiten, die etwas versteckt sind. Da gab es eine Seite „Wir über uns", auf der sich die Firma selbst beschreibt. Das fand ich sehr hilfreich. Dort konnte ich mir auch Fotos von einigen Mitarbeitern ansehen – und mir gleich einen Eindruck davon verschaffen, wie meine „zukünftigen Kolleginnen und Kollegen" aussehen und angezogen sind. So war ich gut vorbereitet.
Prüfer: Danke Frau Guseimova. Herr Gül, ich habe nicht ganz verstanden, warum sich Frau Guseimova die Mitarbeiter einer Firma im Internet angesehen hat. Wie haben Sie das verstanden?
TN A: Hm … ich finde das eigentlich eine sehr gute Idee von Frau Guseimova, wenn ich das sagen darf. Indem sie sich die Mitarbeiter der Firma auf der Internetseite angesehen hat, hat sie ein besseres Bild davon bekommen, wer dort arbeitet und welche Kleidung in diesem Unternehmen gerne gesehen wird. So habe ich das verstanden.
Prüferin: Danke. Das war der erste Teil …

▷ 11 **Prüferin:** Danke! Das war der erste Teil der Prüfung, wir kommen jetzt zum zweiten Teil. Sie sind Kollegin und Kollege und führen ein Gespräch in der Pause. Dazu bekommen Sie zwei Fragen. Frau Guseimov, bitte fangen Sie an.
TN B: Ich würde gerne eine Weiterbildung machen. Welche hast du schon gemacht?
TN A: Eine Weiterbildung? Hier in Deutschland … lass mich überlegen … nein. Hier in Deutschland habe ich noch nie eine Weiterbildung gemacht. Aber in der Türkei habe ich natürlich schon viele gemacht. Ich arbeite in der IT-Branche und da müssen wir uns sehr oft weiterbilden, weil sich in dem Bereich ganz viel, ganz schnell ändert. Welche Weiterbildung möchtest du denn machen?
TN B: Ich glaube, ich sollte mein Englisch verbessern.
TN A: Wie kommst du denn auf Englisch? Ich bin froh, dass ich hier bei der Arbeit mein Deutsch üben kann. Aber du kannst doch Englisch.
TN B: Ja, das stimmt natürlich. Aber … psst, das darfst du noch nicht verraten … ich habe mich um eine Stelle in der Marketingabteilung beworben – und die sprechen ja ganz viel Englisch.
TN A: Echt? Ach, das wäre aber schade, wenn du in eine andere Abteilung gehst! Hast du dich schon mal erkundigt, wo du dein Englisch verbessern kannst?
TN B: Ich weiß, dass … Katja aus der Marketingabteilung einen Abendkurs an einer Sprachschule besucht.
TN A: Dann frag sie doch mal, ob das eine Weiterbildung ist, oder ob sie das nur so macht.
TN B: Ja, das mache ich. Aber was ist mit dir? Welche Weiterbildung würde dich denn interessieren?

TN A: Ach, im Moment habe ich sehr viel Arbeit und eigentlich gar keine Zeit. Aber weißt du, was ich vielleicht mache?
TN B: Was?
TN A: Da kam doch gestern diese Mail von der Personalabteilung, dass man sich als Ersthelfer im Betrieb ausbilden lassen kann. Das finde ich sehr interessant.
TN B: Ah, ja … das habe ich auch gelesen. Cool, probier das doch mal.
Prüferin: Danke. Herr Gül, stellen Sie bitte die nächste Frage?
TN A: Ja, ich möchte gerne mal die Kolleginnen und Kollegen zu mir nach Hause einladen. Hast du das schon einmal gemacht?
TN B: Arbeitskollegen zu mir nach Hause einladen? Ja, klar! Bei uns in Russland machen wir das sehr oft. Hier in Deutschland habe ich das noch nicht gemacht … nur, als ich noch im Deutschkurs war. 12 Personen! Aber das war natürlich noch etwas anderes als echte Kollegen einzuladen. Ich weiß gar nicht, ob man das in Deutschland macht. Mich hat hier auch noch nie jemand eingeladen, dich?
TN A: Ja, das heißt, nicht nach Hause, aber zu einem Fest.
TN B: Echt? Wer hat dich eingeladen?
TN A: Hm, das war … Jupp, der hatte Geburtstag und hat fast die ganze Abteilung eingeladen.
TN B: Interessant. Und wen möchtest du jetzt einladen?
TN A: So genau habe ich mir das noch nicht überlegt. Es gibt hier ein paar Kollegen, die ich nett finde, und die ich gern auch privat besser kennenlernen möchte. Aber wenn man das hier vielleicht nicht macht …
TN B: Hm, das weiß ich auch nicht. Frag doch mal Jupp. Wenn der dich eingeladen hat, dann kannst du ihn doch auch mal einladen.
TN A: Ja, das ist doch eine gute Idee. Das mach ich. Und wenn man das hier nicht macht, dann sagt Jupp mir das bestimmt. Der ist immer ganz … direkt.
Prüferin: Ja … Vielen Dank. Das war Teil 2.

Prüferin: Ja … Vielen Dank. Das war Teil 2. Wir kommen jetzt zum dritten Teil. Sie arbeiten zusammen und haben eine problematische Situation, zu der Sie Lösungswege diskutieren sollen.
Hier sind die Situation und ein paar Stichwörter, die Ihnen helfen können. Bitte lesen Sie und beginnen Sie dann. 12
TN A: Olga, bist du fertig? Soll ich anfangen?
TN B: Ja, gerne.
TN A: Also, Olga, ich glaube, wir haben ein Problem in unserem Kindergarten. In letzter Zeit haben sich Eltern beschwert, dass unsere Kollegin Marita oft ungeduldig mit den Kindern ist. Eine Mutter hat auch gesagt, dass sie manchmal nicht sehr freundlich ist.

111

Hörtexte Modelltest 1

TN B: Was ist denn genau passiert? Ich habe das nicht so mitbekommen.
TN A: Die Mutter von … Helen … ist zu mir gekommen und hat erzählt, dass ihre Tochter geweint hat, als sie sie abgeholt hat. Und Marita hat zu ihr gesagt: „Helen, zieh deine Schuhe an, mach nicht immer so ein Theater!" Das fand die Mutter nicht gut, aber Marita hat nur geantwortet: „Sie müssen strenger sein, so lernt das Kind ja nie."
TN B: Naja, so sollte man mit einer Mutter nicht sprechen. Und auch nicht so ungeduldig mit den Kindern sein. Wie hast du reagiert?
TN A: Ich habe gleich als Helen und ihre Mutter weg waren mit Marita gesprochen und sie meinte, dass sie sowas nicht mehr sagen würde.
TN B: Ist es dann besser geworden?
TN A: … nicht so richtig. Gestern hat sich der Vater von Orhan beschwert und gesagt, dass er gesehen hat, wie Marita ungeduldig wurde, als Orhan sich die Hände nicht waschen wollte.
TN B: Eine schwierige Situation. Und wenn du schon mit Marita gesprochen hast, aber sie ihr Verhalten nicht ändert. Was hältst du davon, wenn wir ihr ein Teamgespräch anbieten?
TN A: Du meinst gleich mit allen? Ich bezweifle, dass das eine so gute Idee ist. Wenn dann alle gegen Marita sind … Vielleicht könntest du zuerst nochmal mit ihr sprechen? Ihr versteht euch doch gut.
TN B: O.k., das probiere ich mal. Aber es ist schon ein Problem, dass wir ins Team bringen müssen, wenn sich noch mehr Eltern beschweren und Marita ihr Verhalten nicht ändert.
TN A: Ja, das machen wir dann, wenn du denkst, dass euer Gespräch keinen Erfolg hat. Und wie gehen wir mit den Eltern um, ich meine, wenn sich morgen oder so wieder eine Mutter oder ein Vater beschwert?
TN B: Dann müssen wir zuhören – und … das muss man ernst nehmen und sagen, dass wir die Kollegin darauf ansprechen.
TN A: Wir könnten auch ein Elterngespräch anbieten, wenn die Eltern möchten. Das machen wir bei anderen Problemen ja auch. Dann kann auch Marita erklären, warum sie sich in der Situation so verhält. Und die Eltern, warum sie das nicht gut finden.
TN B: Ja, das ist auch eine Möglichkeit. Und wenn alles nichts hilft? Was machen wir langfristig?
TN A: Ich denke, da muss man abwarten … aber, langfristig soll die Arbeit mit den Kindern und unter den Kollegen ja gut funktionieren. Und wenn Marita ihre Aufgaben nicht gut macht … irgendwann beschweren sich die Eltern auch direkt bei der Chefin und das hat dann Konsequenzen.
TN B: Ich hätte noch eine Idee: Du hast doch letztes Jahr diese Weiterbildung gemacht zu … dieses Seminar „Kommunikation mit Eltern und Kindern". Was hältst du davon, wenn du Marita darauf hinweist?
TN A: Ja, das kann ich machen, das ist eine gute Idee.
Prüferin: Vielen Dank, die Zeit ist um und Ihre Prüfung ist nun zu Ende.

Hörtexte Modelltest 2

Modelltest 2

Hören Teil 1

 Nummer 22 und 23

Chefin: Also, Jakob, du fährst morgen dann mit Emilio zur Familie Riester. Die wohnt in der Gartenallee 5, du weißt schon, das Haus mit der großen Terrasse. Dort sollt ihr das Wohnzimmer und die Küche neu streichen.
Jakob: O.k., ist gut. Weiß Emilio schon Bescheid oder muss ich ihn noch informieren?
Chefin: Der weiß schon Bescheid – ach ja, und nehmt bitte das kleine Auto. Das große braucht morgen mein Mann.
Jakob: Das kleine Auto müssen wir aber noch auftanken, da ist fast kein Benzin mehr drin.
Chefin: Dann mach das gleich morgen früh. Und vergiss diesmal bitte nicht wieder die Hälfte der Arbeitsgeräte.
Jakob: O.k. Ich stell sie schon mal ins Auto.
Chefin: Noch was, Jakob. Denkt bitte daran, dass ihr die Pinsel und alles am Ende gut auswascht! Die Farbe trocknet sonst ein. Ihr habt das letztes Mal auch vergessen!
Jakob: Alles klar, Frau Gröbner, ich denke dran. Äh, und bei den Riesters nur streichen, keine Tapete, richtig? Und alles weiß?
Chefin: Ja, beziehungsweise: Nein! Ihr müsst nicht tapezieren, aber die Wände in der Küche sollen grün werden und im Wohnzimmer soll eine Wand rot sein, die anderen cremefarben. Die Nummern auf der Farbtabelle hab ich markiert, die kannst du dir im Büro abholen. Sonst schaut einfach auf den Auftrag, da steht auch das Farbmaterial und die Menge drauf.
Jakob: Gut. Soll ich die Farben heute noch mischen?
Chefin: Ja, mach das bitte. Übrigens: Von der Familie ist morgen Vormittag niemand zu Hause. Den Schlüssel bekommt ihr von der Nachbarin, Frau Harz. Die wohnt gegenüber.
Jakob: Alles klar.

Nummer 24 und 25

Mitarbeiter: Restaurant „Zum Ochsen", Sie sprechen mit Valentin Klein.
Kundin: Guten Tag, hier ist Helena Möller von der Firma Greiner Maschinenbau. Mein Kollege hat bei Ihnen vor zwei Wochen das Catering für eine Firmenfeier bestellt. Ich hätte da ein paar Änderungswünsche.
Mitarbeiter: Warten Sie bitte kurz …. Ja, hier ist die Bestellung. Die Feier ist morgen ab 15 Uhr, richtig?
Kundin: Ja, genau. Ich hoffe, meine Änderungswünsche sind nicht zu kurzfristig.
Mitarbeiter: Das kommt darauf an. Geht es um die Menge?
Kundin: Ja, auch … es kommen 10 Personen mehr.
Mitarbeiter: 10 Portionen mehr können wir ohne Probleme machen.
Kundin: Gut. Aber, könnten Sie auch mehr vegane Häppchen bringen und dafür weniger mit Fleisch bzw. tierischen Produkten? Relativ viele unserer Mitarbeitenden haben zurückgemeldet, dass sie veganes Essen bevorzugen. Das hatten wir gar nicht erwartet.
Mitarbeiter: Ja, vegane Ernährung ist zurzeit im Trend. Wir bieten dazu auch Einiges an, warme und kalte Platten, sogar ganze Buffets … wenn es rechtzeitig bestellt wird.
Kundin: Oh, das hab ich schon befürchtet, dass das wahrscheinlich zu knapp ist. Hm, was machen wir da jetzt?
Mitarbeiter: Bei einigen Salaten können wir die Käsewürfel weglassen oder ersetzen. Bestimmt können wir auch noch zwei oder drei warme Platten vegan gestalten. Lassen Sie mich mit unserer Küchenchefin sprechen, die hat sicher ein paar Vorschläge. Das wird dann aber auch mehr kosten.
Kundin: Schön, dass Sie es noch versuchen wollen. Die Mehrkosten übernimmt die Firma dann natürlich.
Mitarbeiter: Gut. Soll ich mich vorher nochmal bei Ihnen melden, damit Sie wissen, ob es klappt? Wie kann ich Sie denn am besten erreichen?
Kundin: Ja, am besten unter der Nummer …

Nummer 26 und 27

Leiter: … immer etwas los, Frau Ahmadi. Wir legen viel Wert darauf, dass die Kinder jeden Tag an der frischen Luft sind.
Fr. Ahmadi: Gehen Sie auch manchmal in den Wald hinter dem Kindergarten?
Leiter: Ja, natürlich. Frau Moretti geht heute Nachmittag mit ihrer Hasen-Gruppe auf den Spielplatz dort. Sie können gerne mitgehen, um auch das kennenzulernen. Das war also unser Garten, jetzt zeige ich Ihnen die Räume hier im Haus. Im Kindergarten haben wir insgesamt drei Gruppen mit jeweils 15 Kindern. Jede Gruppe wird von drei Erzieherinnen betreut und hat einen eigenen Raum. Hier ist z.B. der Raum für die „Bärenkinder".
Fr. Ahmadi: Die „Bärenkinder" sind die Kleinsten, oder?
Leiter: Ja, richtig. In dieser Gruppe sind gerade viele Dreijährige, jüngere Kinder betreuen wir hier ja nicht. Mit dieser Gruppe haben Sie eher wenig zu tun. Aber auch die werden ja groß und wechseln dann irgendwann in die Eulen-Gruppe mit den Vorschulangeboten, das wird ja dann Ihr Bereich, unter anderem.
Fr. Ahmadi: Darauf freue ich mich schon, es macht mir unheimlich Spaß, mit den Vorschulkindern zu arbeiten.

113

Hörtexte Modelltest 2

Leiter: Ja, da sind wir auch froh, dass wir mit Ihnen eine so erfahrene Kraft als Vertretung für den Bereich gewinnen konnten! So, hier ist die Küche …
Fr. Ahmadi: Genau, wie ist das hier mit dem Mittagessen? Müssen wir kochen?
Leiter: Nein. Wir haben hier zwar die Küche, aber eher für Snacks und Getränke. Das Mittagessen wird gebracht. Manchmal backen wir gemeinsam – das lieben die Kinder!
Fr. Ahmadi: Da kann ich auch mal was aus meinem Heimatland beitragen.
Leiter: Gute Idee! Nun zu den Abläufen: Am Morgen, bevor die Kinder kommen, tauschen wir uns darüber aus, wer …

Hören Teil 2

 14

Nummer 28
Lisa: Morgen! Paul, was ist denn mit dir los?
Paul: Morgen, Lisa. Ach, immer diese Arbeit am Computer. Das macht mich auf Dauer fertig. Das kann doch nicht gesund sein.
Tobias: Paul, du sitzt aber auch ganz falsch. Hast du den Stuhl richtig eingestellt?
Lisa: Ja, guck mal, der Stuhl ist zu niedrig. Und du bist viel zu nah am Monitor. Kein Wunder, dass du das anstrengend findest.
Paul: Aber ich sehe sonst nicht gut. Ich muss immer meine Brille auf und absetzen.
Tobias: Dann brauchst du vielleicht auch eine Computerbrille.
Lisa: Dafür gibt es sogar einen Zuschuss von der Firma. Den brauchst du nur zu beantragen.
Paul: Was ich jetzt brauche, ist ein Stück Schokolade.
Lisa: Nein, was du jetzt brauchst ist Gymnastik. Komm, ich zeig dir was.

Nummer 29
Katina: Puh! Heute ist vielleicht wieder viel los im Laden!
Anna: Ja, ich muss mich jetzt hinsetzen. Ich hab total Schmerzen in den Beinen.
Victor: Schon wieder? Wir können doch nicht alle Kunden alleine bedienen. So geht das nicht, Anna.
Anna: Ich hab aber Schmerzen.
Katina: Kein Wunder, bei diesen Stöckelschuhen, die du jeden Tag trägst. Mit Gesundheitsschuhen würde dir das nicht passieren!
Anna: Die, die uns der Betriebsarzt empfiehlt? Nein, danke, die sind total hässlich!
Victor: Bei der Arbeit musst du keinen Schönheitswettbewerb gewinnen, sondern arbeiten können!
Anna: Aber wenn Freunde vorbeikommen und mich in Gesundheitsschuhen sehen, die lachen doch über mich.
Katina: Das wirst du überleben. Trag die anderen Schuhe in deiner Freizeit und komm morgen mit flachen Schuhen!

Nummer 30
Luis: Hallo zusammen.
Florian: Hallo Luis. Du warst schon wieder zwei Tage nicht da.
Luis: Ja, ich hab mich beim Kickboxen verletzt.
Florian: Durch deine vielen Sportverletzungen müssen wir immer wieder für dich einspringen. Trägst du da keine spezielle Schutzkleidung?
Luis: Doch! Und das tut mir ja auch leid. Aber ich muss eben viel trainieren. Kickboxen macht total Spaß!
Barbara: Das mag schon sein. Aber weißt du, wie viele Überstunden wir inzwischen wegen dir haben?
Florian: Mach doch Yoga oder sowas, da verletzt man sich nicht so leicht.
Luis: Yoga? Das ist nicht dein Ernst. Das ist doch total langweilig.
Barbara: Mir langsam egal! Ich will wegen dir nicht auch noch krank werden.

Nummer 31
Carla: Warte, Rahim, du hast deinen Helm vergessen.
Rahim: Ach, Carla, es geht doch auch mal ohne Helm. Wir sind doch keine Bauarbeiter.
Carla: Nein, wir sind die Architekten, aber herabfallenden Teilen ist das egal. Auch uns könnte schließlich etwas auf den Kopf fallen.
Rahim: Du übertreibst. Was soll denn hier passieren. Das Haus ist doch fast fertig.
Carla: Das kann schon sein. Aber wenn dir etwas passiert und du trägst keinen Helm, dann zahlt die Versicherung nicht.
Rahim: Also gut, gib her!
Carla: Na also, geht doch. Sieht doch auch ganz schick aus, auf deinem Kopf!

Hören Teil 3

Teamleiter: Guten Morgen zusammen. Schön, dass alle kommen konnten. Sie haben schon in der Einladung gesehen, dass unsere Firma mittelfristig auf E-Mobilität umsteigen möchte. Herr Baumann von der Geschäftsleitung hat mich und mein Team gebeten, bei Experten anzufragen, welche Möglichkeiten wir haben, E-Mobilität auch für unsere Firma einzusetzen, das möchte ich Ihnen kurz vorstellen.
Mitarbeiter: Darf ich gleich etwas fragen?
Teamleiter: Ja, sicher, Herr Wenkums.
Mitarbeiter: Das betrifft jetzt nur die Firmenwagen, richtig?
Teamleiter: Äh, ja. Welches Auto Sie privat oder für den Weg zur Arbeit nutzen, ist weiterhin Ihre Sache.

Jedenfalls, durch die Expertengespräche haben wir erfahren, dass E-Autos als Firmenwagen zwar teurer in der Anschaffung sind als andere Fahrzeuge, dass sie sich auf lange Sicht aber durchaus rechnen. Es geht hier aber nicht vorrangig um die Kosten. Für uns als Firma für Solarzellen geht es in erster Linie um einen ganz anderen Grund: Wir zeigen so ganz deutlich, dass uns auch hier Umweltschutz wichtig ist – das kommt bei den Kunden gut an.
Mitarbeiterin: Ganz bestimmt! Und nicht nur bei den Kunden. Wo soll denn zuerst umgestellt werden?
Teamleiter: Das ist so geplant: Da unsere Mitarbeiter im Außendienst oft sehr lange Strecken zu Kunden fahren und Elektroautos nach ca. 300 km wieder aufgeladen werden müssen, bleiben wir hier erstmal noch bei unseren bisherigen Fahrzeugen bzw. werden wir einige hybride Fahrzeuge anschaffen. Aus demselben Grund schaffen wir vorerst keine Fahrzeuge für den Transport an. Das wird noch eine Weile dauern. Für Kundenbesuche im Stadtbereich, zu denen man nicht lange fahren muss, sind E-Autos aber eine gute Lösung. Deshalb werden wir schon in den nächsten Monaten einige E-Fahrzeuge für diesen Bereich kaufen. Aber schon in drei Wochen werden wir, und darüber freue ich mich besonders, auch einige E-Bikes bekommen, die dann allen Mitarbeitenden der Firma zugänglich sind.
Mitarbeiter: Das hört sich gut an. Dürfen wir diese neuen E-Fahrzeuge dann auch privat benutzen?
Teamleiter: Das wird wie jetzt auch sein: Mitarbeitende, die bisher einen Firmenwagen für ihre Arbeit hatten, werden auch die neuen Fahrzeuge nach den bekannten Regeln nutzen. Neu müssen wir dann festlegen, wie wir mit den E-Bikes umgehen, wahrscheinlich aber nicht viel anders.
Mitarbeiterin: Und wo laden wir die E-Fahrzeuge dann?
Teamleiter: Eine wichtige Frage, denn im öffentlichen Raum gibt es noch nicht so viele Ladestationen. Dafür wird es Tankkarten geben, wenn Sie weiter weg unterwegs sind. Auf dem Firmengelände werden selbstverständlich genug Ladestationen zur Verfügung stehen. Wir produzieren hier ja mit unseren Solarzellen ökologischen Strom. Da die Kollegen vom Außendienst die Fahrzeuge jedoch auch mit nach Hause nehmen, wollen wir auch dort Schnellladestationen fördern. Das heißt, die Firma beteiligt sich an den Kosten für die Ladestation und auch an den Stromkosten, wenn Sie den Firmenwagen zu Hause laden. Das geht allerdings nur, wenn Sie bereit sind, Ökostrom zu nutzen.
Mitarbeiter: Und ein eigenes Haus haben. Ich wohne in einer Mietwohnung. Wo soll man denn da eine Ladestation installieren?

Teamleiter: Auch da gibt es Möglichkeiten, die Details besprechen wir dann. Ich will kurz noch etwas zum Fahrtraining sagen.
Mitarbeiterin: Naja, Autofahren können wir ja alle, oder?
Teamleiter: Das schon, aber E-Autos haben einen anderen Motor. Daran muss man sich erst gewöhnen. Was viele nicht wissen, auch mit einem E-Auto kann man beim Fahren noch Energie sparen. Diese Fahrweise möchten wir mit Ihnen trainieren. Sie müssen am Fahrtraining aber natürlich nicht teilnehmen, wenn Sie nicht wollen. Wir planen es auf jeden Fall während der Arbeitszeit ein. Ihre Freizeit müssen Sie dafür also nicht opfern.
Mitarbeiterin: Und wann wird das ungefähr sein?
Teamleiter: Also, ich hatte ja bereits am Anfang gesagt, dass die Umstellung mittelfristig geplant ist, das heißt, dass wir …

Hören Teil 4

Nummer 36
Hi, hier Thomas. Du, Ahmed. Ich glaub, ich hab heute mein Handy in der Firma liegen lassen. Ich hab's erst gemerkt, als ich zu Hause war. Und ich wollte dann nicht nochmal in die Firma fahren. Kannst du bitte mal nachschauen, ob es irgendwo in der Werkshalle liegt? Warte, oder in der Kantine? Nein, danach habe ich noch telefoniert. Also, es ist so ein größeres Gerät in einer blauen Tasche, darauf ist ein Aufkleber von meinem Fahrradklub. Wenn du es findest, ruf bitte gleich auf meiner Festnetznummer an, ja? Danke schon mal für deine Hilfe.

Nummer 37
Guten Tag, hier ist die Firma Print & Farbe, Meyer mein Name. Sie haben letzte Woche bei uns ein Paket mit Druckertoner bestellt, das wir auch gleich an die angegebene Adresse geschickt haben. Leider ist das Paket wieder zurückgekommen. Die Adresse war wohl nicht ganz korrekt. Können Sie uns deshalb bitte zurückrufen? Ich möchte Sie auch noch auf die Möglichkeit hinweisen, Druckertoner in Zukunft online zu bestellen. Am besten registrieren Sie sich auf unserer Webseite, dann brauchen Sie Ihre Kontaktdaten nur einmal einzugeben.

Nummer 38
Hallo, Herr Abadi, hier ist Manfred Gold von der Buchhaltung. Sie sind im Juni zu der Wochenendfortbildung „Marketingstrategien" nach Berlin gefahren. Bei Ihrer Reisekostenabrechnung ist mir aufgefallen, dass Sie die Reisezeiten nicht angegeben haben. Außerdem haben Sie mir eine Fahrkarte nach Stralsund beigelegt, war das privat? Das Hotel in Berlin hat die Rechnung geschickt, da fehlt nichts. Würden Sie das Formular bitte

Hörtexte   Modelltest 2

neu ausfüllen und es mir mit dem richtigen Beleg zuschicken? Wenn Sie morgen im Haus sind, können Sie mir alles auch einfach vorbeibringen.

Nummer 39
Hi, Ben. Lukas hier. Du, ich repariere gerade das Auto von Frau Rossmann. Es sollte bis morgen, Dienstag, fertig sein. Jetzt sehe ich aber, dass uns ein Ersatzteil fehlt. Ich hab es auch schon bestellt, aber leider ist es erst am Mittwochmorgen da. Kannst du bitte Frau Rossmann anrufen, dass sie ihr Auto erst einen Tag später abholen kann? Am besten nach 14 Uhr. Frau Rossmann hat von uns ja einen Leihwagen bekommen. Der Chef sagt, dass wir ihr den zusätzlichen Tag dafür nicht berechnen.

Nummer 39
Hallo Lena, hier ist Karin. Ich bin total erkältet und kann heute nicht kommen. Du weißt ja, dass ich das Jubiläum von Frau Schmidt nächste Woche Freitag organisiere. Das Essen haben die Wirtin und ich schon besprochen, aber heute wollte ich mir im Restaurant ansehen, wie man den Raum dekorieren und die Tische stellen könnte. Das schaff ich aber nicht. Könntest du vielleicht für mich hingehen? Das wäre eine große Hilfe! Die Sitzordnung und so weiter übernehme ich dann wieder. Bitte ruf mich kurz zurück.

Hören und Schreiben

Guten Tag, hier spricht Marina Kollnitz von der Firma Lehmann. Ich rufe nochmal wegen unserer Fortbildung in Ihrem Hotel an.
Wir hatten 15 Einzelzimmer gebucht. Jetzt können aber doch nur 12 Mitarbeitende teilnehmen. Würden Sie bitte drei Zimmer stornieren? Der große Tagungsraum ist weiterhin in Ordnung, aber wir brauchen dann doch nur noch zwei Seminarräume.
Und was die Ausstattung des Tagungsraums angeht: Könnten wir bitte einen zusätzlichen Bildschirm bekommen? Ein Mitarbeiter nimmt von Brasilien aus teil, dafür benötigen wir den.
Die Internetverbindung im Raum ist ja sicher gut, nehme ich an? Für Rückfragen: Mein Name ist Kollnitz, K-O-L-L-N-I-T-Z, meine Nummer ist 0-73-51-599-64.
Wir freuen uns schon und sind gespannt auf den Karaoke-Abend am Freitag. Tschüs.

Hörtexte Modelltest 3

Modelltest 3

Hören Teil 1

 Nummer 22 und 23

Peter Schmidt: Guten Tag, hier ist Peter Schmidt von der Firma Glasklar GmbH, einem Unternehmen für Fenster und Wintergärten.
Maklerin: Guten Tag, was kann ich für Sie tun?
Peter Schmidt: Wir interessieren uns für die Räume, die Sie auf Ihrer Seite im Internet anbieten. Unsere bisherige Werkstatt wird langsam zu klein, da unser Geschäft zum Glück sehr gut läuft. Sie bieten die Werkstatträume im Gewerbepark Ost doch zum Kauf an, oder?
Maklerin: Ja, das stimmt. 250 m² und zusätzlich Büroräume in einer Größe von 35 m². Außerdem natürlich WC-Anlagen. Die bieten wir zur Miete oder auch zum Kauf, darüber müssten wir dann genauer sprechen.
Peter Schmidt: Hmhm, befindet sich auch eine Küche oder wenigstens eine Kochzeile in den Räumen?
Maklerin: Bislang nicht, nur ein Kaffeeautomat und ein kleiner Kühlschrank. Aber alle Anschlüsse für Wasser und Strom sind vorhanden, das wäre also machbar.
Peter Schmidt: Das hört sich doch schon mal gut an.
Maklerin: Es wäre auch Platz, um einen Umkleideraum einzurichten, falls Sie so etwas benötigen sollten.
Peter Schmidt: Das ist gut zu wissen, aber das wird für uns eher nicht erforderlich sein. Ist die Werkstatthalle gegebenenfalls erweiterbar?
Maklerin: Ja, auf dem Gelände ist noch relativ viel Platz. Vor der Halle befindet sich ein großer Parkplatz, der könnte zum Teil aber auch für eine Erweiterung der Halle genutzt werden. Es sei denn, Sie brauchen viele Stellplätze für Fahrzeuge. Augenblicklich befinden sich auf dem Parkplatz ungefähr 50 Stellplätze.
Peter Schmidt: So viele Fahrzeuge haben wir nicht, und Publikumsverkehr haben wir auch eher selten, von daher könnten wir den Parkplatz für eine Erweiterung verwenden. Das klingt alles sehr gut, ich stimme mit meinem Chef einen Termin für eine Besichtigung ab und melde mich noch mal.
Maklerin: Sehr gerne, auf Wiederhören!
Peter Schmidt: Danke und auf Wiederhören!

Nummer 24 und 25

Ines: Hallo Olaf, hier ist Ines aus der IT-Abteilung.
Olaf: Hallo Ines! Gerade habe ich zu meinem neuen Kollegen gesagt: Ein Glück, dass wir morgen endlich die neue Software aufgespielt bekommen. Die alte ist inzwischen so langsam, dass man kaum noch richtig arbeiten kann.
Ines: Ja, also, Olaf ... leider wird das morgen nichts. Da ist etwas mit der Lizenz schiefgelaufen, deshalb haben wir noch keinen Zugriff auf die Programme. Das müssen wir leider erst noch klären ...
Olaf: Oh nein! Das ist aber ...
Ines: Ja, es ist blöd. Deshalb will ich mit dir aber kurz besprechen, was in den nächsten Tagen in deiner Abteilung ansteht, damit wir gemeinsam einen Ausweichtermin für die Installation finden.
Olaf: Wie war das noch mal? Die Installation und Einrichtung dauert drei Stunden, oder?
Ines: Ja, ungefähr. Wir können es leider nicht über Nacht machen in dem Fall, weil es nicht vollautomatisch läuft. Nacheinander wäre möglich, sodass nicht alle Rechner gleichzeitig ausfallen, aber es wäre gut, das an einem Tag mit relativ wenig Betrieb zu machen.
Olaf: Hmm, kommenden Montag und Dienstag sieht es nicht so gut aus. Wir haben ausnahmsweise schon am Mittwoch unsere Abteilungsbesprechung, weil ja Donnerstag der Feiertag ist. Die dauert mindestens zwei Stunden und in der Zeit brauchen wir die PCs nicht. Wie wäre es also am Mittwoch?
Ines: Super, ich trage es ein. Übrigens hat sich doch noch mal was wegen der Schulung für die Software geändert. Die sollte ja erst virtuell stattfinden, aber nun komme ich doch direkt zu euch in die Abteilung und wir gehen alles zusammen durch.
Olaf: Das ist mir vor Ort sogar lieber. Dann können wir ...

Nummer 26 und 27

Rainer: Hallo, ich bin Rainer. Wir haben uns ja neulich schon kennengelernt.
Susanne: Nach meinem Vorstellungsgespräch, richtig. Es ist so toll, dass es geklappt hat. Ich möchte eure Schülerbetreuung sofort und die Konzepte zum Lernen und Spielen gefallen mir hier wirklich gut.
Rainer: Das freut mich. Dann komm einfach mal mit, ich zeige dir heute noch mal alles in Ruhe. Also, hier rechts haben wir die Kleiderhaken und daneben, wie du siehst, kleine Schließfächer. Achte unbedingt darauf, dass die Kinder morgens ihre Wertsachen und auch Handys da einschließen.
Susanne: Handy? In der Grundschule?
Rainer: Tja, ich wundere mich auch. Zum Glück ist es die Ausnahme und nicht die Regel, wir möchten aber gar keine Handys in den Gruppen haben.
Susanne: Das verstehe ich. Und dann gibt es morgens zuerst Frühstück, oder?
Rainer: Also, wir haben ja ab 7 Uhr auf, und um halb 8 gibt es Frühstück. Aber daran nehmen nicht alle Kinder teil. Das kann man flexibel von Woche zu Woche anmelden, hier an der Wand hängen die Listen, darauf steht, wer zum Frühstück kommt. Und ganz wichtig: Bei allen Mahlzeiten decken die Kinder ihren Platz alleine ein und räumen auch Teller und Besteck selbst ab. Das klingt vielleicht etwas streng ...

117

Hörtexte Modelltest 3

Susanne: Das hatte ich schon im Vorstellungsgespräch gehört und ehrlich gesagt kann ich das absolut nachvollziehen. Sonst tanzen die einem ja später auf der Nase herum und wollen immer bedient werden.
Rainer: Ja, genau.
Susanne: Fürs Mittagessen hängen dann aber keine Listen an der Wand, oder? Das bekommen doch alle, habe ich gehört?
Rainer: Das hast du richtig gehört, Listen gibt es aber trotzdem – in dem Fall dann aber zu Unverträglichkeiten, wer vegetarisch isst …
Susanne: Oh, das ist natürlich auch wichtig.
Rainer: Dann machen wir mal weiter mit …

Hören Teil 2

 Nummer 28
Luigi: Guten Morgen, Carla! Wie war der Nachtdienst auf Station?
Carla: Ach, es ging, es war ziemlich ruhig. Trotzdem freue ich mich auf nächste Woche, wenn ich wieder Frühdienst habe. Müde bin ich aber.
Luigi: Hast du Probleme mit dem Schlaf wegen der wechselnden Schichten?
Carla: Das würde ich nicht sagen. Ich weiß, dass einige Kolleginnen dadurch aus dem Tritt kommen, aber mir geht's eher darum, dass ich gerne früh am Tag Feierabend habe. Dann kann ich noch viel erledigen.
Luigi: Das geht mir genauso! Nach dem Frühdienst ist noch jede Menge Zeit, auch um Freunde zu treffen oder so.
Carla: Richtig. Das gefällt mir auch.

Nummer 29
Franziska: Na, ihr beiden, wie war's gestern Abend im Laden?
Yavuz: Ziemlich ruhig.
Gudrun: Hmhm, Yavuz konnte sich ganz auf sein Handy konzentrieren.
Yavuz: Ja, ich weiß schon, warum ich samstags arbeite.
Franziska: Du hast ja auch keine Tochter, die sich dann über deine Arbeitszeiten beschwert.
Yavuz: Naja, das stimmt zwar, aber meine Eltern würden mich auch gerne öfter zum Essen bei sich haben.
Gudrun: Das wird nicht klappen, wenn du dich immer freiwillig für diese Verkaufsschichten einträgst.
Yavuz: Es bringt halt mehr Geld als werktags, und ich bin echt knapp bei Kasse.
Franziska: Tja, so ähnlich geht's mir auch, deshalb nehme ich dann doch noch alle verkaufsoffenen Sonntage mit, wegen der Zuschläge. Aber meine Tochter bleibt schon etwas auf der Strecke.

Nummer 30
Sascha: Hast du schon gehört, dass bei uns demnächst Gleitzeit eingeführt werden soll?
Bianca: Na endlich! Dann wird's eine Kernarbeitszeit geben, das ist überfällig. In ein paar Abteilungen kommen manche Leute im Moment ja, wie es ihnen passt.
Sascha: Stimmt, vielleicht ist das auch der Hintergrund. Ich hatte schon ein paarmal Kunden am Apparat, die sich aufgeregt haben, weil sie ihren Ansprechpartner nicht erreichen konnten – zum Beispiel den …
Bianca/Sascha: … Müller!
Sascha: Genau, der kommt irgendwann spät am Vormittag, macht dann gleich wieder Pause. Keine Ahnung, wann der überhaupt arbeitet.
Bianca: Genau das ist es, man muss in einer Firma doch sicher sein können, wann jemand am Arbeitsplatz ist, und mit der Kernarbeitszeit gibt es verbindliche Vorgaben für alle.

Nummer 31
Petra: Hallo Christian, hallo Andrea! Wie war euer Wochenende?
Christian: Ach, ganz okay, aber meine Kinder haben sich mal wieder beklagt, dass wir so wenig Zeit für Ausflüge haben.
Andrea: Hattest du Wochenenddienst?
Christian: Nein, das nicht, aber mein Körper braucht immer einen Tag, um sich zu erholen, meine Arbeitszeiten wechseln ja ständig.
Petra: Und ich dachte, ich bin die Einzige, der es so geht! Für mich ist das auch schwer, manchmal wache ich um 3 Uhr auf und denke, es ist schon Vormittag.
Andrea: Stimmt, das Unregelmäßige ist nicht so gut. Es wäre leichter, wenn man immer nur am Abend oder in der Nacht arbeiten müsste.

Hören Teil 3

Chefin: Guten Morgen, ich begrüße Sie alle recht herzlich! Wie Sie wissen, steht demnächst eine Umstrukturierung unserer Abteilungen an. Es wird dann auch neue Teams geben, die bisherigen Teams werden teilweise erweitert, so dass sie einen größeren Arbeitsbereich benötigen. Wir möchten aber unsere aktuellen Büroräume nicht wechseln, denn die Lage ist ja wirklich optimal für uns. Ja, Herr Stork?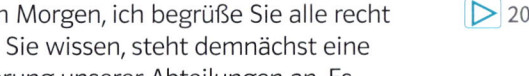
Herr Stork: Wenn wir in diesem Gebäude bleiben, könnten wir eventuell mal über ein paar Änderungen wie neue Wandfarben oder so sprechen. Wir sind ja schon über 5 Jahre hier, ohne dass es in der Zeit neue Bodenbeläge oder Farbe an den Wänden gegen hätte.
Chefin: Darüber können wir gerne demnächst reden, Herr Stork, klar. Aber jetzt geht es erstmal darum, wer in Zukunft wo arbeiten wird, also wie die Büros demnächst belegt werden. Der Empfangsbereich wird

sich nicht ändern, und auch für Mitarbeitende im 3. Stock ändert sich wenig. Dort ist ja die Buchhaltung und das bleibt auch so. Anders sieht es beim Serviceteam aus. Unsere Kunden legen Wert auf eine gute Beratung und zahlen dafür auch mehr. Deshalb mussten wir das Team erweitern. Frau Wolter, Sie sind ja schon lange in dem Team, wollen Sie das kurz erläutern?
Frau Wolter: Ja, gerne. Unsere bisherigen Büros waren sehr nah am Eingangsbereich. Das war früher wirklich praktisch, als unsere Kunden häufig und persönlich zu uns kamen und dann nicht lange durch die Firma laufen mussten. Mit der Zeit hat sich das geändert, wir haben auch immer mehr internationale Kunden und beraten immer häufiger telefonisch oder per Videokonferenz. Dafür ist es direkt am Eingang und nur mit den dünnen Trennwänden im Großraum zu laut. Da ist es besser, wenn die Räume eher abgeschieden sind, sodass man die Gespräche ungestört führen kann.
Chefin: Genau, deshalb wird das Team jetzt in den 4. Stock umziehen und dort am Ende des Gangs mehrere kleine Räume haben.
Herr Stork: Verstehe, deshalb müssen meine Leute aus dem Verkauf jetzt aus dem 4. Stock ausziehen.
Chefin: Korrekt, Herr Storke, Sie und Ihr Team werden von ganz oben dann in den ersten Stock ziehen. Auf Ihren und den Wunsch Ihrer Mitarbeiter hin werden die Einzelbüros dort zusammengelegt, denn so war das ja auch im 4. Stock. So, sind denn …
Frau Teslin: Entschuldigung?
Chefin: Ja, bitte, Frau Teslin?
Frau Teslin: Ähm, im ersten Stock ist aber doch das Lager, oder nicht?
Chefin: Einen Moment, Frau Teslin, dazu komme ich gleich. Sind denn erst mal Fragen zur bisherigen Verteilung? Nein? Gut, dann gibt es noch eine wichtige Änderung. Frau Teslin hat ja gerade schon das Lager angesprochen, das bislang im ersten Stock war. Der Bedarf nach Lagerraum ist bei uns ja nicht sehr hoch, im Wesentlichen hatten wir dort Bürobedarf gelagert. Diesen Platz wollen wir nun für Büroräume nutzen und das Lager in diesem Haus ganz aufgeben. Alles, was wir an Material in den Büros brauchen, wird ab jetzt nach Bedarf eingekauft, also wirklich nur das, was Sie brauchen. Das schärft ja auch den Blick dafür, ob etwas wirklich notwendig ist. Was noch im Lager ist, wird verteilt oder entsorgt. Die Möbel werden wir im Keller aufbewahren.
Frau Wolter: Aber im Keller ändert sich sonst nichts?
Chefin: Richtig, bei den Heizungsräumen und der Hausmeisterkammer bleibt alles beim Alten.
Frau Wolter: Und der Hausmeister bleibt auch?
Chefin: Natürlich. Was sich aber noch ändert, ist, dass es ab kommendem Monat eine eigene Abteilung für Qualitätssicherung gibt. Das hat bislang ja Frau Teslin alleine gemacht.
Frau Teslin: Ich habe es zumindest versucht.
Chefin: Frau Teslin, Sie haben das sehr gut gemacht, aber es ist einfach zu viel für eine Person. Deshalb bekommen Sie ja Unterstützung durch Frau Robins aus dem Verkaufsteam und durch eine neue Mitarbeiterin, aber Sie werden die Abteilung dann leiten. Das Team ist dann im zweiten Stock neben der Geschäftsführung untergebracht, die übrigens die Räume nicht wechselt.
Herr Stork: Natürlich nicht …

Hören 4

Nummer 36
Hallo Carsten, hier ist Ulf. Ich habe ein kleines Problem. Ich muss dringend zu einem Kunden, der hat seit heute Mittag keinen Strom im Haus, das soll ich bis um vier prüfen. Jetzt finde ich in der Werkstatt aber den Spannungsmesser nicht, ich such schon seit einer halben Stunde. Ich will deswegen heute echt nicht schon wieder Überstunden machen. Du hattest den Spannungsmesser doch heute Morgen mit zu deinem Termin genommen, oder? Wäre super, wenn du dich umgehend bei mir meldest und mir sagst, wo ich das Ding finde. Vielen Dank!

Nummer 37
Guten Tag, Nina Hertel von der Hertel Gebäudereinigung. Ich hatte letzte Woche bei Ihnen die elektrischen Fensterputzgeräte bestellt. Die Lieferung war wohl zuerst falsch adressiert, deshalb kamen die Geräte erst gestern an, aber das war nicht so schlimm. Die Hauptsache ist, dass die Lieferung vollständig war. Wir wollten die Geräte gleich ausprobieren, aber alles war nur auf Englisch und Chinesisch beschrieben. Könnten Sie uns noch eine deutsche Version schicken? Wenn die Geräte das halten, was sie versprechen, werden wir sicher noch mehr brauchen, dann melde ich mich wieder. Danke!

Nummer 38
Hallo, hier ist Lotte. Ich stehe gerade vor dem Feinkostladen Nolte am Marktplatz, um den Präsentkorb für unseren Chef zum Geburtstag zu bestellen. Leider gibt es ein kleines Problem: Das Geschäft hat gerade vierzehn Tage Betriebsferien. Hier können wir den Korb nicht bestellen. Ich habe keine Ahnung, wo es hier noch einen anderen Feinkostladen gibt. Weißt du das? Bevor wir lange über ein anderes Geschenk diskutieren und uns am Ende doch nichts Besseres einfällt … Frag mal schnell rum und ruf mich an. Danke.

Hörtexte Modelltest 3

Nummer 39
Hallo, Paul hier. Wegen unserer Teambesprechung morgen ab 8. Ich muss morgen früh erstmal zu der Baustelle in Höch fahren, die haben da ein Problem. Damit wir unseren Termin aber nicht verschieben müssen, würde ich euch bitten, ohne mich zu beginnen. Susanne vertritt uns ja diese Woche auf der Messe in Berlin und ist nicht da, aber Peter kann die Besprechung leiten. Er berichtet ja sowieso als Erster über seine Projekte, damit ihr auf dem aktuellen Stand seid. Um halb neun bin ich dann auf jeden Fall auch da.

Nummer 40
Hi Luisa, hier ist Fred. Ich habe gerade die Unterlagen zusammengestellt, die die Chefin haben wollte. Sie will, dass ich ihr alles per E-Mail schicke, aber die Dateien sind wahnsinnig groß und das klappt nicht. Ich habe Markus aus der IT-Abteilung angerufen und er meinte nur, ich solle die Dateien komprimieren, aber ich habe ehrlich gesagt keine Ahnung, wie das geht. Er hat keine Zeit, mir das zu zeigen, aber ich muss das unbedingt bis zum Feierabend hinkriegen. Vielleicht kannst du mich zurückrufen?

Hören und Schreiben

 22 Hallo, hier ist Ingo Woythkes von der Firma Baden Pharma. Wir haben im vergangenen Jahr schon einmal Büromöbel bei Ihnen bestellt und waren sehr zufrieden. Deshalb überlegen wir, wieder bei Ihnen zu kaufen. Wir bräuchten 30 Bürostühle, und zwar das Modell mit der Artikelnummer A39. Wir möchten die Stühle am liebsten in blau, wenn das geht. Ach so, und alle Stühle sollen bitte Rollen für Hartböden haben. Wie viel würde das inklusive Lieferung bis Ende Mai kosten? Falls Sie Rückfragen haben, können Sie mich telefonisch erreichen, hier meine Durchwahl: 0 62 71 89 234. Zur Sicherheit auch noch mal mein Name: Ingo Woythkes, W-O-Y-T-H-K-E-S. Sie müssten unsere E-Mail-Adresse ja noch haben, dann wäre es schön, wenn Sie uns das Angebot per Mail schicken könnten. Vielen Dank!

Audioimpressum

Sprecherinnen und Sprecher:
Christian Birko-Flemming, Gunther Pagel, Stefanie Plisch de Vega, Markus Schultz, Sigrun Schumacher, Hans-Peter Stoll, Anke Stößer, Sofi Vega
Tontechnik und Produktion:
Top10 Tonstudio, Gunther Pagel, Viernheim
© Ernst Klett Sprachen, 2021

Antwortbogen

Antwortbogen

Deutsch-Test für den Beruf B2

Schriftliche Prüfung

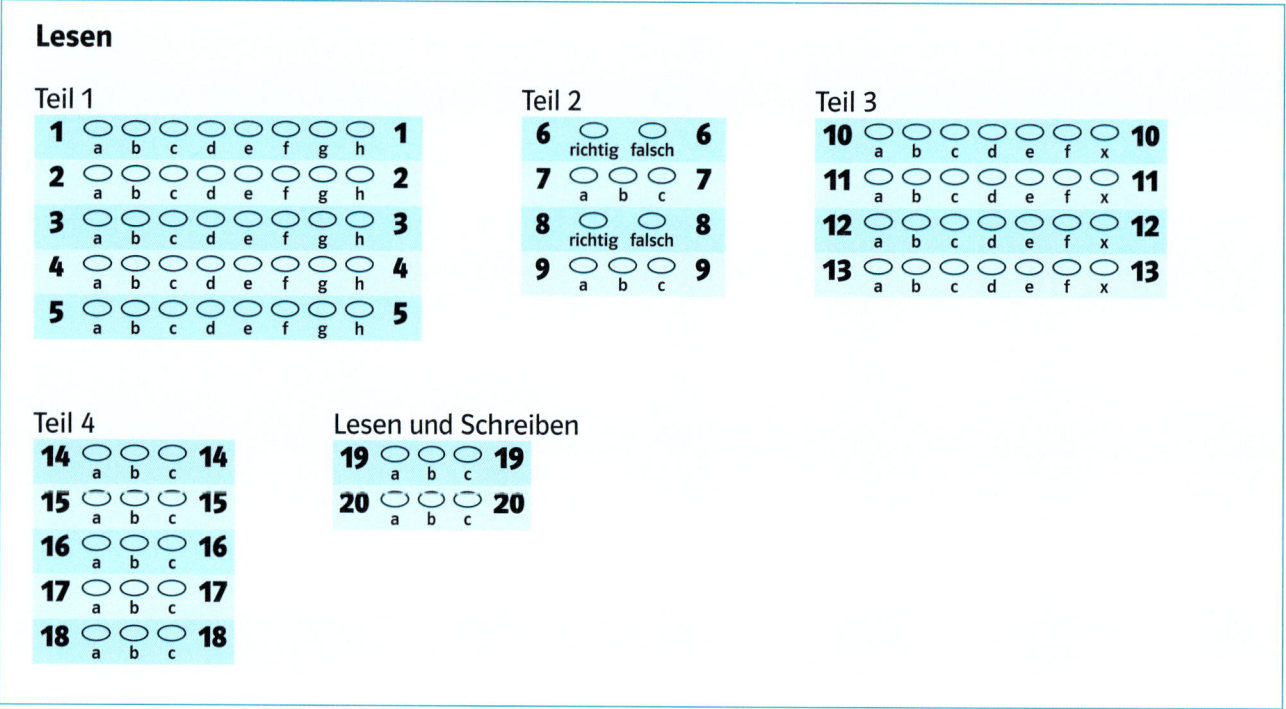

Antwortbogen

Schriftliche Prüfung

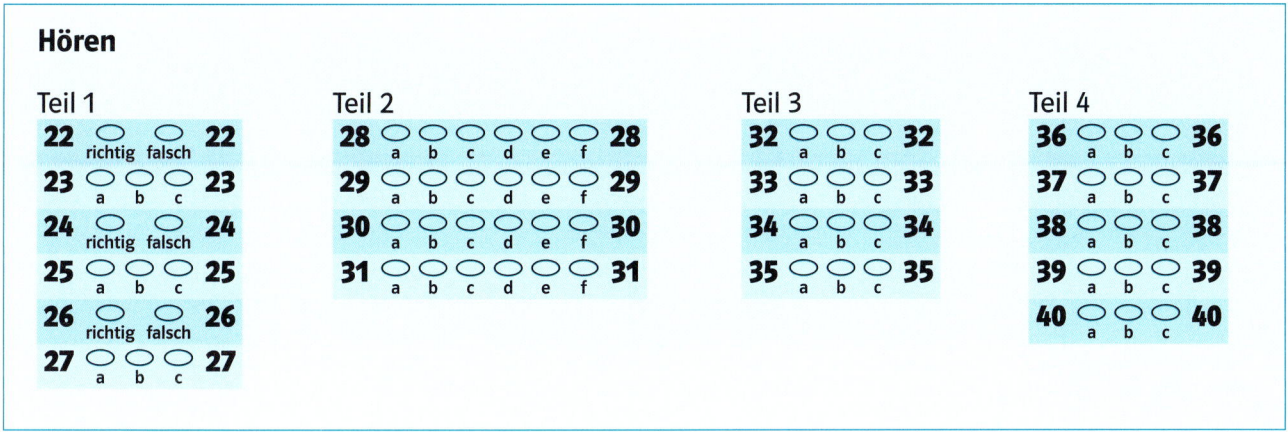

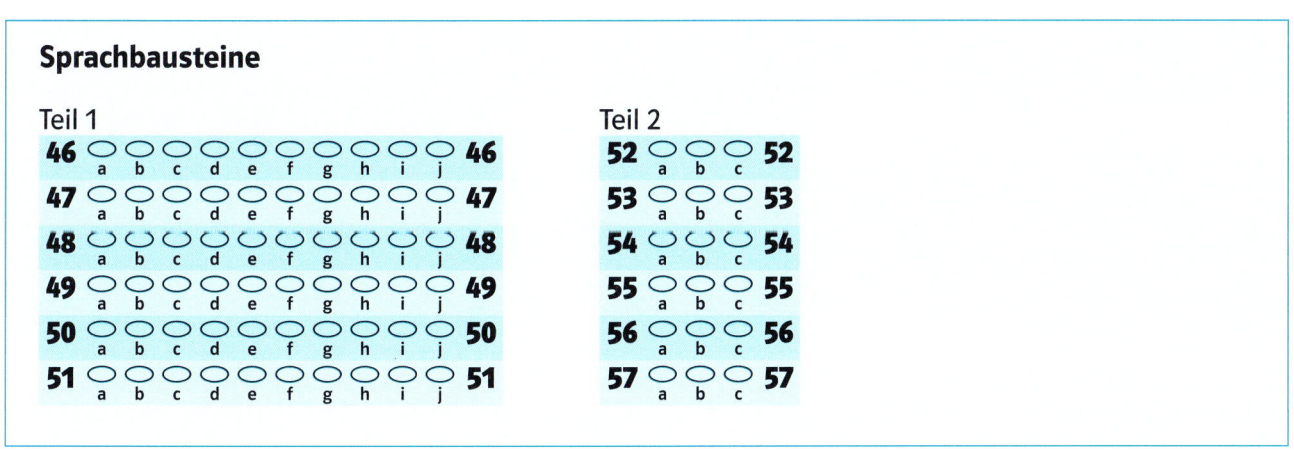

Antwortbogen

21 Lesen und Schreiben

Senden | An … |
Cc … |
Betreff |

Antwortbogen

Hören und Schreiben

Telefonnotiz

41 Grund für den Anruf
- a ○ Angebot
- b ○ Bestellung/Buchung
- c ○ Beschwerde

42 Namen
- Frau/Herr:
- Firma: Musterfirma GmbH

43 Kontakt
- Telefon:

44 Weitere Informationen

-
-
-
-
-

45 Zu erledigen

-

Antwortbogen

58 Schreiben

Antwortbogen

💡 Ein Antwortbogen für alle Teile ist digital verfügbar (siehe Seite 1).

Notizen